ZHIYE JIAOYU SHIYINGXING TISHENG
ZHIYE YUANXIAO ZHUANYE JIANSHE TESEHUA
YANJIU

职业教育适应性提升

职业院校专业建设特色化研究

彭朝晖 张俊青 杨筱玲 著

北京理工大学出版社
BEIJING INSTITUTE OF TECHNOLOGY PRESS

版权专有　侵权必究

图书在版编目（CIP）数据

职业教育适应性提升：职业院校专业建设特色化研究／彭朝晖，张俊青，杨筱玲著．—北京：北京理工大学出版社，2021.5

ISBN 978-7-5682-9838-4

Ⅰ.①职…　Ⅱ.①彭…②张…③杨…　Ⅲ.①职业教育-专业设置-研究-中国　Ⅳ.①C719.2

中国版本图书馆 CIP 数据核字（2021）第 090965 号

出版发行　／　北京理工大学出版社有限责任公司
社　　址　／　北京市海淀区中关村南大街 5 号
邮　　编　／　100081
电　　话　／　（010）68914775（总编室）
　　　　　　　（010）82562903（教材售后服务热线）
　　　　　　　（010）68948351（其他图书服务热线）
网　　址　／　http://www.bitpress.com.cn
经　　销　／　全国各地新华书店
印　　刷　／　三河市华骏印务包装有限公司
开　　本　／　710 毫米 × 1000 毫米　1/16
印　　张　／　14.75　　　　　　　　　　　　　责任编辑／孙　澍
字　　数　／　205 千字　　　　　　　　　　　　文案编辑／孙　澍
版　　次　／　2021 年 5 月第 1 版　2021 年 5 月第 1 次印刷　责任校对／周瑞红
定　　价　／　79.00 元　　　　　　　　　　　　责任印制／李志强

图书出现印装质量问题，请拨打售后服务热线，本社负责调换

内容简介

本书从理论和实践两个角度,从宏观、中观和微观三个层面,围绕广西产业结构与职业院校专业结构之间的适应性进行了全面分析,结合系统论、教育经济学原理、教育供求关系、社会互动理论等多学科视角分析了不同主体对专业特色建设的影响因素作者通过梳理改革开放以来我国高职院校和中职学校专业设置与调整的过程,包括专业目录基本分类变化情况、专业数量分布变化情况和专业大类分布结构情况,从中得知职业院校专业建设取得了明显进步,但是专业结构与产业结构之间不相适应的问题还比较突出,比如专业设置不适应市场需求的变化、专业建设目标与人才培养目标不匹配、专业结构与产业结构不对接等。作者试图从宏观层面形成专业建设的区域特色、从中观层面形成专业建设的行业特色、从微观层面形成专业建设的院校特色等提出改革思路和路径。

本书适用于在职业教育领域从事管理、研究和教学的教育决策者、研究人员和教师。

序

专业建设是职业院校最重要的教学基本建设,是教育教学工作的基础和生命线,是人才培养体系建设的重要依托。职业院校是否能够突出办学特色,关键在于专业建设是否具有特色。本书紧密围绕《现代职业教育体系建设规划(2014—2020年)》和《高等职业教育创新发展行动计划(2015—2018年)》对职业院校专业建设提出的部署要求,遵循技术技能人才培养的基本规律,从理论和实践两个角度,从宏观、中观和微观三个层面,围绕广西产业结构与职业院校专业结构之间的适应性进行了全面分析,结合系统论、教育经济学原理、教育供求关系、社会互动理论等多学科视角分析了不同主体对专业特色建设的影响因素。作者立足于宏观层面形成专业建设的区域特色、从中观层面形成专业建设的行业特色、从微观层面形成专业建设的院校特色,提出改革思路和路径。

作者通过梳理改革开放以来我国高职院校和中职学校专业设置与调整的过程,包括专业目录基本分类变化情况、专业数量分布变化情况和专业大类分布结构情况,发现职业院校专业建设虽然取得了明显进步,但是专业结构与产业结构之间不相适应的问题还比较突出,如专业设置不适应市场需求的变化、专业建设目标与人才培养目标不匹配、专业结构与产业结构不对接等。

理论和实践从来都是双向建设的过程。本书首先从理论视角研究了专业建设和区域经济发展之间的决定与被决定、引导与被引导、服务与被服务之间的互动关系。然后,从实证研究的角度分析了专业结构与产业结构之间的内在联系,以广西壮族自治区为例,从教育与经济的关系角度出发,采用相关分析法、偏离度分析法和格兰杰因果关系分析法,对广西职业教育专业结构与产业结构之间的适应性、符合度与互动性进行数理统计分析和综合评价。

关于职业院校专业建设特色化问题的研究，作者认为专业建设主动适应产业发展需求是实现专业建设特色化的改革思路，提升职业院校专业结构与产业结构适应性的可靠途径是作为"需求侧"的产业界和"供给侧"的职业院校之间建立起深度融合、协同发力、有效对接的良性互动关系，产业界要高度关注和真正参与技术技能人才培养、劳动年龄人口的素质教育和技能培训工作，职业院校要主动适应产业发展的多元需求，实现专业结构与现代产业结构、人才培养规模与产业需求规模、人才培养层次与产业转型升级的人才层次需求的有效对接。

职业院校专业治理机制是本书对专业建设特色化研究的创新之处。作者认为，要提高职业院校人才培养效率和办学效益，必须建立学术权力下放和管理重心下移的内部治理结构，落实职业院校专业建设的自主权。在国家层面，政府应通过政策支持、立法保障、财政支撑、信息服务等多元化方式支持职业院校开展自主办学。在省级层面，建立学校专业教师和企业技术人员适度兼职兼薪的人才管理创新机制与师资共享服务平台。在院校层面，提高教学系部在教学改革、专业建设、校企合作、社会服务等工作中的主动性，为开展专业建设特色化提供必要的治理结构。

本书是以国家级教学名师彭朝晖教授为首席专家的广西职业教育教学改革重大招标课题"职业院校专业建设特色化研究"的研究成果，由广西机电职业技术学院彭朝晖、广西交通职业技术学院张俊青与南宁市第四职业技术学校杨筱玲共同编著，该课题的各子课题负责人陈海军（广西交通职业技术学院）、郑应、凌小冰、陈健健、袁翔（南宁市第四职业技术学校）参与了本书的部分编写工作。鉴于客观条件和主观认识的限制，本书还存在一些不足之处，本书作者将继续努力，为我国现代化职业教育体系的建设和发展贡献绵薄之力！

目 录

第1章 绪 论 ·········· 001
- 1.1 研究背景 ·········· 001
  - 1.1.1 经济新常态对技术技能人才供给提出转型升级的创新要求 ·········· 001
  - 1.1.2 技术技能人才供给侧改革要求职业教育有效对接技术进步和结构转型需求 ·········· 003
  - 1.1.3 职业教育适应产业发展要求专业建设主动适应产业结构转型升级需要 ·········· 004
  - 1.1.4 特色专业建设是高等学校"质量工程"的重要组成部分 ·········· 005
- 1.2 研究的意义 ·········· 006
  - 1.2.1 理论意义 ·········· 006
  - 1.2.2 实践意义 ·········· 007
- 1.3 文献综述 ·········· 008
  - 1.3.1 职业院校专业建设的内涵研究 ·········· 008
  - 1.3.2 职业院校专业建设特色化的现状研究 ·········· 009
  - 1.3.3 职业院校专业建设特色化的对策研究 ·········· 010
  - 1.3.4 职业院校专业建设研究中存在的问题 ·········· 011
  - 1.3.5 研究的主要方法 ·········· 012

第2章 核心概念与理论基础分析 ·········· 014
- 2.1 核心概念的界定 ·········· 014
  - 2.1.1 专业建设与专业建设要素 ·········· 014
  - 2.1.2 特色、专业特色与特色专业 ·········· 016
  - 2.1.3 特色专业建设与专业建设特色化 ·········· 016
  - 2.1.4 专业结构与产业结构 ·········· 018
  - 2.1.5 中等职业学校和高等职业院校 ·········· 019
- 2.2 理论基础分析 ·········· 020

2.2.1　系统论 …………………………………………… 020
　　2.2.2　教育经济学原理 …………………………………… 021
　　2.2.3　教育供求关系 ……………………………………… 022
　　2.2.4　社会互动理论 ……………………………………… 023

第3章　历史和现状分析 ………………………………………… 025
　3.1　现代职业教育发展历程概述 ……………………………… 025
　　3.1.1　关于中国现代职业教育体系的探索 ………………… 025
　　3.1.2　关于职业教育发展道路的探索 ……………………… 026
　　3.1.3　关于职业院校办学模式的探索 ……………………… 027
　　3.1.4　关于职业教育服务定位的探索 ……………………… 028
　3.2　职业院校专业设置与结构调整历程 ……………………… 029
　　3.2.1　中职学校专业目录修订历程 ………………………… 029
　　3.2.2　高职院校专业设置与专业建设现状 ………………… 032
　3.3　广西中高职院校专业建设特色化历史与现状 …………… 037
　　3.3.1　特色专业建设是广西高等学校质量
　　　　　 工程建设的重要组成部分 ……………………………… 037
　　3.3.2　"特色专业+实训基地"建设工程是广西职业
　　　　　 教育基础能力建设工程的重要组成部分 ……………… 038
　　3.3.3　广西中高职专业建设特色化现状 …………………… 039

第4章　实证研究 ………………………………………………… 041
　4.1　专业结构与产业结构、就业结构的关系分析 …………… 041
　　4.1.1　专业结构与产业结构的内在联系 …………………… 041
　　4.1.2　专业结构与产业对接的外部关系 …………………… 042
　　4.1.3　专业与职业（岗位）对接 …………………………… 043
　4.2　研究内容与方法 …………………………………………… 043
　　4.2.1　研究内容 ……………………………………………… 043
　　4.2.2　分析指标 ……………………………………………… 044
　　4.2.3　数据来源与分析方法 ………………………………… 045
　4.3　广西产业结构现状分析 …………………………………… 046

  4.3.1 广西产业结构变化趋势 ················· 046
  4.3.2 广西人才供求结构现状分析 ············· 050
 4.4 广西职业院校专业结构分析 ················· 051
  4.4.1 广西高职院校专业结构分析 ············· 051
  4.4.2 广西中职学校专业结构分析 ············· 055
 4.5 广西高职院校专业结构与产业结构适应性分析 ······· 057
  4.5.1 广西高职院校专业结构与产业结构相关性分析 ··· 057
  4.5.2 广西高职专业结构与产业结构、就业结构的
     偏离度分析 ····················· 099
  4.5.3 广西高职教育经费投入与广西经济增长之间
     的因果关系 ····················· 100
 4.6 广西中职学校专业结构与产业结构适应性分析 ······· 103
  4.6.1 广西中职学校专业结构与产业结构相关性分析 ··· 103
  4.6.2 广西中职专业结构与产业结构、就业结构的
     偏离度分析 ····················· 151
  4.6.3 广西中职教育经费投入与广西经济增长之间
     的因果关系 ····················· 152
 4.7 广西职业院校专业建设与中国 – 东盟国际经济
   合作适应性研究 ······················ 154
  4.7.1 广西职业院校专业建设与中国 – 东盟国际经济
     合作背景 ······················ 154
  4.7.2 广西高职教育专业建设适应中国 – 东盟国际经
     济合作的现状分析 ·················· 156
  4.7.3 广西高职教育专业建设与中国 – 东盟国际经济
     合作的互动关系分析 ················· 158

第5章 分析与讨论 ·························· 159
 5.1 对职业院校专业建设特色化现状的分析结果 ········ 159
  5.1.1 中高职专业目录修订体现了专业结构
     主动适应产业结构变化的规律要求 ·········· 159

5.1.2　广西职业教育专业建设主动适应
　　　　　"职业教育与产业发展对接"需要 …………… 163
5.2　对职业院校专业建设特色化实证研究的分析结果 …… 165
　　5.2.1　中职学校专业结构的相关分析 ………………… 165
　　5.2.2　高职院校专业结构的相关分析 ………………… 169
5.3　中高职专业建设特色化比较分析 …………………… 171
　　5.3.1　中职学校专业结构与广西产业结构之间
　　　　　适应性研究结果分析 ………………………… 171
　　5.3.2　高职院校专业结构与广西产业结构之间
　　　　　适应性研究结果分析 ………………………… 174
5.4　广西职业教育专业建设与中国–东盟经济
　　　合作适应性结果分析 ………………………………… 176

第6章　研究结论 ……………………………………… 177

6.1　基本观点 ………………………………………………… 177
　　6.1.1　外部环境是影响职业院校专业建设特色
　　　　　化改革的基本条件 …………………………… 177
　　6.1.2　现实困境是决定职业院校专业建设特色
　　　　　化改革的内在动力 …………………………… 179
　　6.1.3　专业建设主动适应产业发展需求是实现
　　　　　专业建设特色化的改革理念 ………………… 180
　　6.1.4　创新专业建设体制机制是落实特色化发
　　　　　展的制度安排 ………………………………… 181
6.2　研究结论 ………………………………………………… 182
　　6.2.1　加强专业设置的统筹布局，建立专业结构适应
　　　　　区域经济发展需求的对接体系 ……………… 182
　　6.2.2　实现人才培养目标的梯次接续，建构人才供给
　　　　　结构适应技术和产业转型升级的培养体系 … 183
　　6.2.3　推进专业利益相关方的协同发力，实施产教互
　　　　　动融合、校企跨界融合的育人机制 ………… 184

  6.2.4 开展跨学科跨专业研究的共创共享，构建通识
     教育与专业教育交叉融合的课程体系 …………… 184
  6.2.5 加强专业建设诊断与改进工作，形成纵深推进、
     高效互动的专业管理机制 ……………………… 185
参考文献 ………………………………………………………… 188
附录1 2019年广西高职教育专业设置及布点数 ………… 195
附录2 2019年广西中职教育专业设置统计表 …………… 211

表目录

表3-1　2015版高职专业目录体系结构 …………………… 034
表4-1　2019年广西高职院校一览表 ……………………… 052
表4-2　2019年广西高职产业-专业统计表 ………………… 054
表4-3　2019年广西高职热门专业排序列表 ……………… 055
表4-4　2011—2017年广西高职专业招生比率与产业产值比率、就业比率数据 ………………………………… 058
表4-5　高职教育专业大类招生比率与三次产业产值比率、就业比率之间相关系数 ……………………………… 060
表4-6　高职制造大类招生比率与三次产业产值比率、就业比率之间相关系数 …………………………………… 063
表4-7　高职土木建筑大类招生比率与三次产业产值比率、就业比率之间相关系数 ……………………………… 065
表4-8　高职交通运输大类招生比率与三次产业产值比率、就业比率之间相关系数 ……………………………… 067
表4-9　高职电子信息大类招生比率与三次产业产值比率、就业比率之间相关系数 ……………………………… 069
表4-10　高职医药卫生大类招生比率与三次产业产值比率、就业比率之间相关系数 …………………………… 071
表4-11　高职财经商贸大类招生比率与三次产业产值比率、就业比率之间相关系数 …………………………… 073
表4-12　高职旅游大类招生比率与三次产业产值比率、就业比率之间相关系数 ………………………………… 075
表4-13　一产产业对应的高职专业大类招生比率与广西产业产值比率之间相关系数 …………………………… 078
表4-14　二产产业对应的高职专业大类招生比率与广西区域产业产值比率之间相关系数 …………………… 080

表 4-15	三产产业对应的高职专业大类招生比率与广西区域产业产值比率之间相关系数	083
表 4-16	高职制造大类招生比率与广西区域产业产值比率之间相关系数	085
表 4-17	高职土木建筑大类招生比率与广西区域产业产值比率之间相关系数	087
表 4-18	高职交通运输大类招生比率与广西区域产业产值比率之间相关系数	089
表 4-19	高职电子信息大类招生比率与广西区域产业产值比率之间相关系数	091
表 4-20	高职财经商贸大类招生比率与广西区域产业产值比率之间相关系数	093
表 4-21	高职医药卫生大类招生比率与广西区域产业产值比率之间相关系数	095
表 4-22	高职旅游大类招生比率与广西区域产业产值比率之间相关系数	097
表 4-23	广西生产总值与广西高职教育经费投入增长情况数据表	101
表 4-24	广西生产总值增长率与广西高职教育经费投入增长率之间相关系数	101
表 4-25	运动迹检验方法的协整检验结果	102
表 4-26	最大特征根检验方法的协整检验结果	102
表 4-27	广西经济增长与广西高职教育经费投入增长之间的格兰杰因果关系	103
表 4-28	2006—2016 年广西中职专业招生比率与产业产值比率、就业比率数据表	105
表 4-29	中职教育三次产业的招生比率与产业产值比率、就业比率之间相关系数	106

表 4-30　中职农林牧渔大类招生比率与三次产业产值比率、就业比率之间相关系数 …………… 108

表 4-31　中职资源大类招生比率与三次产业产值比率、就业比率之间相关系数 ………………… 109

表 4-32　中职能源大类招生比率与三次产业产值比率、就业比率之间相关系数 ………………… 110

表 4-33　中职土木建筑大类招生比率与三次产业产值比率、就业比率之间相关系数 …………… 111

表 4-34　中职加工制造大类招生比率与三次产业产值比率、就业比率之间相关系数 …………… 112

表 4-35　中职交通运输大类招生比率与三次产业产值比率、就业比率之间相关系数 …………… 113

表 4-36　中职电子信息大类招生比率与三次产业产值比率、就业比率之间相关系数 …………… 115

表 4-37　中职医药卫生大类招生比率与三次产业产值比率、就业比率之间相关系数 …………… 118

表 4-38　中职财经商贸大类招生比率与三次产业产值比率、就业比率之间相关系数 …………… 119

表 4-39　中职旅游大类招生比率与三次产业产值比率、就业比率之间相关系数 ………………… 120

表 4-40　中职教育大类招生比率与三次产业产值比率、就业比率之间相关系数 ………………… 121

表 4-41　中职公安大类招生比率与三次产业产值比率、就业比率之间相关系数 ………………… 123

表 4-42　三次产业对应的中职专业大类招生比率与广西区域产业产值比率之间相关系数 ……… 125

表 4-43　中职土木建筑大类招生比率与广西区域产业产值比率之间相关系数 …………………… 128

表4-44	中职加工制造大类招生比率与广西区域产业产值比率之间相关系数	131
表4-45	中职交通运输大类招生比率与广西区域产业产值比率之间相关系数	134
表4-46	中职电子信息大类招生比率与广西区域产业产值比率之间相关系数	138
表4-47	中职医药卫生大类招生比率与广西区域产业产值比率之间相关系数	140
表4-48	中职财经商贸大类招生比率与广西区域产业产值比率之间相关系数	142
表4-49	中职教育大类招生比率与广西区域产业产值比率之间相关系数	145
表4-50	中职旅游大类招生比率与广西区域产业产值比率之间相关系数	148
表4-51	广西生产总值与广西中职教育经费投入增长情况数据表	152
表4-52	广西生产总值增长率与广西中职教育经费投入增长率之间相关系数	153
表4-53	广西经济增长与广西中职教育经费投入增长之间的格兰杰因果关系	154

图目录

图4-1　2006—2018年广西三次产业比率变化趋势 ………· 048

图4-2　2005—2018年广西三次产业内部的就业比率
　　　　变化趋势………………………………………… 051

第 1 章 绪 论

1.1 研究背景

1.1.1 经济新常态对技术技能人才供给提出转型升级的创新要求

我国正处于全面建成小康社会的决定性阶段,新常态下经济发展呈现出三个重要特征:一是从高速增长转变为中高速增长;二是经济结构不断优化升级,第三产业消费需求逐步成为主体,城乡区域差距逐步缩小,居民收入占比上升,发展成果惠及广大民众;三是从要素驱动、投资驱动转向创新驱动。

2016年《广西壮族自治区国民经济和社会发展第十三个五年规划纲要》提出,"十三五"时期是我国全面建成小康社会的决胜期,也是广西贯彻"四个全面"战略布局、落实"三大定位"新使命、实现"两个建成"目标的关键期。中央明确赋予广西构建面向东盟的国际大通道、打造西南中南地区开放发展新的战略支点、形成21世纪海上丝绸之路与丝绸之路经济带有机衔接的重要门户"三大定位"新使命,北部湾经济区、珠江—西江经济带、左右江革命老区、桂林国际旅游胜地实现国家战略全覆盖。恰逢中国－东盟经济贸易区建成，北部湾经济区开放开发、珠江—西江经济带建设上升为国家战略，21世纪"海上丝绸之路"建设等战略机遇，以及"14+10"千亿元产业发展战略实施，广西正在成为我国西南中南地区开放发展的新的战略支点。

广西在工业化中期阶段进入新常态，面临的挑战更加复杂严峻。"十三五"期间，广西面临从低中等收入向中上等收入跨越，从乡村社会向城市社会转型，产业从中低端向中高端水平提升，工业化水平从中期阶段向中后期阶段发展，人民生活水平从总体小康向全面小康迈进。广西壮族自治区政府提出了"十三五"广西经济社会发展的目标任务，一是围绕服务"一带一路"倡议、支撑"四化"同步发展，加快完善交通、能源、水利、信息等基础设施，构建功能配套、智能高效、安全便利的现代基础设施体系。二是全面推进产业转型升级攻坚战，改造提升传统产业，大力发展先进制造业、现代服务业和现代农业，积极培育战略性新兴产业，推动新产业、新业态、新模式发展，构建技术含量高、创新能力强、就业容量大、环境友好、协作紧密的现代产业新体系。三是全面推进脱贫攻坚战，加快实施教育扶贫工程，让贫困地区孩子享受到更加公平的优质教育，阻断贫困代际传递。四是深入实施双核驱动战略，促进北部湾经济区、西江经济带、左右江革命老区加快发展，推进桂林国际旅游胜地建设，构建沿海沿江沿边三区统筹发展新格局。

因此，大力发展现代职业教育，着力培养多层次、多样化的高素质技术技能型人才，全面提升劳动者的职业素质，提高劳动者的就业质量和创业能力，把人力资源优势转化为人才红利，是经济新常态和产业转型升级对职业教育改革提出的新要求。构建产教融合、校企合作、中高职衔接、职教普教沟通的现代职业教育体系，培养一支数量充足、结构合理、素质过硬的技术技能人才队伍，建立中职、高职、应用型本科、专业学位研究生相衔接的技术技能型人才成长通道等，成为新时代广西职业教育服务于国家发展战略和广西发展战略的使命担当。

1.1.2 技术技能人才供给侧改革要求职业教育有效对接技术进步和结构转型需求

《国务院办公厅关于深化产教融合的若干意见》（国办发〔2017〕95号）提出要构建教育和产业统筹融合发展格局，同步规划产教融合与经济社会发展，制定区域发展、产业发展、城市建设和重大生产力布局规划，结合实施创新驱动发展、新型城镇化、制造强国战略，统筹优化教育和产业结构，同步规划产教融合发展政策措施、支持方式、实现途径和重大项目。要统筹职业教育与区域发展布局，推动学科专业建设与产业转型升级相适应，建立紧密对接产业链、创新链的学科专业体系。

2015年《广西壮族自治区现代职业教育体系建设规划（2015—2020年）》提出的主要目标是实现职业教育的外部对接更加紧密，职业教育与产业发展对接。职业高校定位布局要适应产业发展布局需要，职业教育专业结构要适应产业结构需要，职业教育人才培养层次、规模要适应产业转型升级需要。构建职业教育与产业发展对接体系，实现职业院校定位布局与产业发展布局有效对接，成为实现以上目标要承担的主要任务。通过职业教育基础能力建设工程项目，加强基础能力建设，提升服务区域传统产业、支柱产业的能力；通过人才培养质量提升工程和职业教育区域合作工程项目，有效提高人才培养质量，着力提升面向重点产业、战略性新兴产业等重点领域产业的人才培养能力。

《广西人力资源和社会保障事业发展"十三五"规划》提出，到2020年，实现全区专业技术人才总量达到230万人，高技能人才总量达到125万人，占技能劳动者的比例达到25%左右。所以，强化职业教育和职业培训显得尤为重要，职业培训计划包括：①劳动者素质提升行动。加快建立终身职业技能培训制度，实现职业培训的普惠性、终身性和有效性，力争使每个有培训愿望的城乡劳动者都有机会接受不同阶段相应的职业培训。②新生代农民工职业技能提升计划。通过订单式、定向和定岗培训，对农民工开展职业培训和创业培训，对农村未升学应届初高中毕业生开展就业技能培训，对企业在岗农民工开展新型学徒制培训和高技能人才培训，为有创业意愿的农民工提供创业培训。③企业新型学徒培养计划。推行以"招工即招生、入企即入校、企校双师联合培养"为主要内容的企业新型学徒制，加快企业青年技能人才培养。④公共实训基地建设项目。其包括高技能人才培训基地项目、技能大师工作室项目和职业技能公共实训基地项目、大学生就业实训基地项目、农民工就业实训基地项目。

1.1.3 职业教育适应产业发展要求专业建设主动适应产业结构转型升级需要

当今社会已经进入或正在进入数字化革命时代和智能制造时代，《国务院关于积极推进"互联网+"行动的指导意见》将人工智能列为推进"互联网+"的11项重点行动之一。2014年《国务院关于加快发展现代职业教育的决定》（国发〔2014〕19号）强调，院校布局和专业设置更加适应经济社会需求，调整完善职业院校区域布局，科学合理设置专业，健全专业随产业发展动态调整的机制，重点提升面向现代农业、先进制造业、现代服务业、战略性新兴产业和社会管理、生态文明建设等领域的人才培养能力。建立健全课程衔接体系，适应经济发展、产业升级和技术进步需要，建立专业教学标准和职业标准联动开发机制；推进专业设置、专业课程内容与职业标准相衔接，推进中等和高等职业教育培养目标、专业设置、教学过程等方面的衔接，形成对接紧密、特色鲜明、动态调整的职业教育课程体系。

2014年《现代职业教育体系建设规划（2014—2020年）》提出，建立产业结构调整驱动专业改革机制，扩大学生选专业、转专业的自主权，建立专业设置信息发布平台和动态调整预警机制，建立区域中高职专业设置管理的宏观协调机制。

2015年《高等职业教育创新发展行动计划（2015—2018年）》提出高职教育专业建设要服务产业转型升级，根据区域发展规划和区域内产业转型升级需要优化院校布局和专业结构，将专科高等职业院校建设成为区域内技术技能积累的重要资源集聚地。支持新兴产业发展,加强现代服务业亟须人才培养,加快满足社会建设和社会管理人才需求。重点服务"中国制造2025",面向国家重点发展产业,提高专业的技术协同创新能力,促进区域产业结构调整和新兴产业发展,建立产业结构调整驱动专业设置与改革、产业技术进步驱动课程改革的机制。

2016年《广西壮族自治区贯彻落实〈国务院办公厅关于加快中西部教育发展的指导意见〉的实施意见》提出,大力发展职业教育,重点围绕现代农业、装备制造业、现代服务业、战略性新兴产业、民族传统工艺等领域,形成与区域经济发展方式转变和产业转型升级相匹配的学校布局与专业结构。围绕"14+10"产业,重点支持一批产教深度融合、办学特色鲜明、课程教学与条件支撑相匹配、示范引领、国内领先的职业教育示范特色专业及实训基地,提升服务社会发展能力。到2020年,建成400个中等职业学校"特色专业+实训基地"、120个高等职业院校"特色专业+实训基地"。

《广西壮族自治区现代职业教育体系建设规划(2015—2020年)》强调,要实现职业教育专业结构与现代产业结构的有效对接,职业教育人才培养层次、规模与产业需求规模的有效对接,提高专业设置与产业发展的契合度,形成专业结构随产业发展动态调整机制,调整改造办学层次、办学质量不适应产业发展需求的专业,逐步取消面向淘汰类产业的专业,建设面向重点产业或战略性新兴产业的优势专业群,支持应用技术型本科院校或办学基础好、办学水平较高、办学特色鲜明的职业院校重点建设与广西"14+10"千亿元产业、战略性新兴产业相适应的优势(特色)专业群,建设面向区域传统或支柱产业急需的特色专业群,服务农村新生劳动力转移就业、扶贫富民和民族文化传承创新需求的特色专业群等。

1.1.4 特色专业建设是高等学校"质量工程"的重要组成部分

专业建设是高等学校最重要的教学基本建设,是教育教学工作的基础和重要生命线，是高等学校人才培养的重要依托。专业建设决定着人才培养的质量与办学水平，对高等学校的改革与发展具有深远影响。特色专业建设首先是在本科层次高等学校开展的，2007年教育部、财政部联合颁发的《关于实施高等学校本科教学质量与教学改革工程的意见》，把特色专业建设放在了质量工程的首要位置。"十一五"期间重点建设了2 500个"第一类特色专业建设点"和500个"第二类特色专业建设点"，广西共有14所本科院校获得60个国家级特色专业建设点。"第一类特色专业建设点"的建设内容包括人才培养方案的制订与优化、课程建设与改革、实验实践教学建设与改革、师资队伍建设、教学管理制度的改革与创新、特色专业建设的领导与管理。2007年以来，广西特色专业建设点在师资队伍建设、人才培养质量、教学科研成果、服务社会的能力等方面取得了显著的成效。广西特色专业建设点积累了以下主要经验：一是以特色专业建设为龙头，带动其他专业建设；二是以课程建设为中心，建设特色课程和精品课程；三是以实践教学为平台，打造地方特色、走产学研结合的发展道路；四是以学术团队与教学团队建设为中心，建设"集人才培养、科学研究与服务社会为一体"的优秀教师队伍，打造特色专业建设的主力军；五是坚持为地方经济建设服务、相对稳定、前瞻性和示范性等特色专业建设的基本原则；六是合理使用资金，争取投资效益的最大化；七是建设特色专业重在落实。

1.2 研究的意义

1.2.1 理论意义

职业院校是否能够突出办学特色，关键在于能否在专业建设上取得成就。我国有关专业建设的研究成果主要集中在普通高等教育方面，有关职业院校专业建设的研究成果相对较少。在既有的研究文献中，针对专业建设的对策性文章较多，系统地研究影响高职院校专业建设和发展的各种要素，指导专业设置、建设、改革的研究还很少。因此，本研究力图通过系统研究职业院校专业建设中的力量博弈规律，弥补专业建设过程中具有指导价值的理论体系的欠缺。

专业建设是一项系统工程，是高职院校主动、灵活地适应社会经济发展的关键环节。专业建设水平直接影响到高职院校的招生、学生的培育以及毕业生的就业与创业，进而关系到职业院校的生存与发展。专业建设的现状是市场与教育之间"依靠"与"服务"关系的具体体现，专业建设的过程是调节学校功能与社会需求之间关系的过程，并且集中体现了社会科技、产业发展和劳动力市场的变化。因此，针对职业院校专业建设特色化进行系统的研究有一定的理论价值，将进一步丰富和完善专业建设的理论体系。

我国职业教育研究中长期以来重视课程和教学研究，对职业教育管理的研究，尤其是基于院校情景的"实践领域"的研究明显不足。因此，本研究选取"以针对院校专业建设过程中的实际问题所做的应用性研究"为主要方法，探索区域经济、行业企业、高职院校之间的互动关系，为推动职业院校科学管理提供理论基础。开展特色专业建设或专业建设特色化工作，能够有力促进职业院校人才培养工作与社会需求的紧密联系，优化专业结构和布局，形成有效的专业建设机制，引导职业院校结合自身实际，科学准确定位，发挥办学优势，推进教学改革，强化实践教学，满足广西经济社会发展对多元化、多类型和紧缺型技术技能人才的需求。

1.2.2　实践意义

经济全球化对我国人才素质的培养提出了新的挑战，在市场经济条件下，职业教育专业建设的理念需要革新，专业建设的内容、途径及模式的研究也需要拓展。本研究从专业分析的角度，研究影响专业发展、创新的核心要素，首先培育专业特色，继而形成办学特色，为职业院校专业建设的改革与发展提供有益的启示或参考。职业院校的专业建设与市场需求具有很高的相关性，通过开展专业建设特色化研究，能够有力促进职业院校人才培养工作与社会需求的紧密联系,优化专业结构和布局,形成有效的专业建设机制,引导职业院校结合自身实际,科学准确定位。因此,系统地对地方职业院校专业在特色化建设过程中各影响因素进行分析研究,能为政府和教育主管部门科学地引导职业院校构建合理的专业体系,提供政策参考。

研究职业院校在专业建设中体现的服务职能,从人才培养、课程改革、师资队伍、应用研究等方面研究如何服务地方经济社会发展,对于增强职业院校的社会适应性是非常必要的。专业建设的特色化或创新发展等工作必须作为重点问题融入院校管理者的意识中去,对这类问题的系统研究,也将对院校的教育管理者的办学政策、政府教育主管部门制定教育发展规划和经济发展战略有一定的参考价值。

通过开展特色专业建设或专业建设特色化的实践,能够丰富职业教育专业建设理论,形成专业建设、人才培养与广西经济社会发展紧密结合的专业特色化建设思路和人才培养整体解决方案,建成一批高水平、体现院校办学特色和教学质量的特色专业。集成有效经验、理论成果和实践效果,形成该专业建设内容的参考规范,对区内外同类型专业或校内其他专业建设形成示范和带动作用。

1.3 文献综述

1.3.1 职业院校专业建设的内涵研究

关于职业教育专业建设的概念和内涵主要有三种观点:①构成因素说:专业建设的基本内涵包括专业布局规划、专业设置、培养目标定位、培养模式革新以及作为其后续工作的一系列评估(包括自评和他评)、验收等多方面内容。②目标方式说:专业建设就是职业院校采取某种措施并达到一定的专业建设目的。认为专业建设是依据教学规律和出于社会分工的需求,为保障教学质量而采取的一系列政策与措施。

"其目的是培育若干教学名师、开发一套精品课程、建设一批精品教材，发展适用实验室、实习基地，以保障人才培养的质量。"③综合说：专业建设是根据专业目录，以相应的课程建设和学科建设为基础，以专业知识的传授和教育为媒介，以确定的人才培养规格和质量为目标，把教育内容和教育模式有机结合的教育建设工作。

黄东昱在《论高职院校特色专业的内涵及其建设策略》一文中提出高职院校特色专业建设的内涵包括五个方面：要有明确的建设目标与思路和科学的人才培养方案；师资队伍素质好，教学与科研水平高，特别在实践教学方面能力强；教学设施精良，实践教学条件好；专业的教学内容、课程体系改革突出；人才培养质量有保证，社会声誉高。并提出高职院校特色专业建设的基本策略：依托行业优势，校企结合、工学结合的强技能策略；以"优势"学科建设为龙头，"优化"专业的策略；面向市场，依托社会，采取"人无我有"的差异化策略；专业要素整合优化的策略。

1.3.2 职业院校专业建设特色化的现状研究

刘伟在《中职学校专业设置存在的问题》一文中提到，近年来中职学校在专业设置过程中因急功近利而导致诸多问题，如未兼顾职业需求与学生的个人发展，忽略学生个人综合能力的培养；设备、师资跟不上专业要求，教学质量得不到全面保证；开设专业过于集中趋同，学生就业将面临严峻考验。卢晓宁则从人力资源市场供求分析的视角对中职学校专业建设进行了分析，指出了专业建设的三大现实问题：学生数量与市场需求量的差距，专业设置与行业需求的差距，人才培养与岗位需求的差距。造成以上差距的原因主要包括，专业建设存在"信息盲区"；专业建设存在"违规行为"；专业建设存在"专业不专"的情况。

李从如在《差异化战略与高职院校特色专业建设探究》一文中指出，特色专业之"特色"应该且必须体现在差异化的办学理念、办学思路以及人才培养模式等方面。但在具体的办学实践中，相当一部分高职院校的特色专业"特色不够突出"，建设路径大同小异，人才培养与社会需求脱节，人才缺少特色，竞争力不强。因此，特色专业之"特色"培育就成为当下高职院校必须面对且要着力解决的问题。

朱卫彬的硕士论文《高职院校发展专业特色的实证研究》，从理论上和实践上就如何发展专业特色进行了研究，发现高职院校发展专业特色存在以下弊端：①照搬本科模式，忽略职业特色。在专业设置上极力模仿本科院校，没有按职业岗位分析去开发教学资源，强化学生的实践教学环节。②从众心理严重，丧失专业个性。部分学校为了在竞争中取得优势地位，不顾社会实际需求，开设所谓紧俏热门专业、低成本专业，或不顾自身条件，追求专业设置全面性、综合化。③定位不切实际，建设求大求全。④专业优势薄弱，欠缺市场活力。高职专业没有形成与主导产业发展相适应的机制创新，没有形成职业教育的特色，在同等专业高校的激烈竞争中很难形成优势。

1.3.3 职业院校专业建设特色化的对策研究

孔德兰在《高职院校专业特色化建设机制研究》一文中指出，高职专业特色化建设要从可持续发展的高度，围绕培养学生的就业竞争力为核心，以先进的现代职教思想为指导，坚持市场导向原则、差异化原则、创新性原则和前瞻性原则，从科学准确的专业定位、人才培养模式创新、课程体系和教学模式优化、"双师型"专业教学团队建设、精细化管理、特色文化建设等方面来构建专业特色化建设的运行与管理机制。

陈海燕和张一平在《地方高职院校特色专业建设实践研究——以娄底职业技术学院为例》一文中，提出地方高职院校进一步建设特色专业的基本思路：以校企合作为突破口，创新基于工学结合的人才培养模式；以能力培养为主导，构建"教、学、做"一体化的课程体系和教学模式；以改革教师培养和使用机制为先导，形成"双师结构"的教学团队；以强化教学过程的实践性、开放性和职业性为目标，加强"生产性"实训基地建设；以职业综合素质养成为核心，促进"职业人"的全面发展。

朱卫彬的硕士论文《高职院校发展专业特色的实证研究》以湖南交通工程职业技术学院专业特色建设的个案为例，从理论上和实践上就如何发展专业特色进行了研究，得出五点结论：以创新的专业教育理念为先导，形成高职院校发展的科学方略；以双师型的教师团队建设为关键，建立一支有影响、有特色的师资团队，形成学院的核心竞争力；以工学结合的实践能力培养为根本点，强化学生的技能，提高实训的效能，实现教学做合一的课程改革目标；以校企合作为区域经济服务为契机，提高专业辐射市场、造福社会的影响力，提高社会对专业的认可度，实现校企双赢；以职业核心能力为主线的素质教育为载体，对人才培养目标进行定点定向和全方位的素质培养，满足市场对高职毕业生的要求，保证学生有特色、人才高素质。

1.3.4 职业院校专业建设研究中存在的问题

目前对职业院校的专业建设研究存在三个主要的问题：第一，概念模糊，对专业建设及其内涵研究不够深入。专业基本概念的不同理解，造成高职的实践者认识上的偏差，忽略了科学、准确地定义专业内涵的问题，培养目标、课程建设、师资、实训基地等之间的逻辑联系不清楚，专业建设成了空壳，专业建设的各要素之间缺乏整体性设计。第二，目前对职业院校专业建设的研究，多数停留在经验性的表述上，很少推导归纳出一般的专业设置规律，缺少理论上的提升。第三，研究比较零散，主要关注于专业设置、调整，对专业内要素的整合以及专业的评估缺少关注，如何进行专业建设还缺少相对完整的研究。

综上所述，以上研究成果对于本研究有着重要的参考价值，但目前研究大都是从特色专业建设的相关结论出发，只是看到建设特色专业的重要性，局限于专业建设的各项要素中，而从实证角度出发来研究特色专业建设则相对薄弱。关于专业建设特色研究还没有建立完整的体系，同时，对于属于相同类型不同层次的中职学校和高职院校来说，最适用的、最有针对性的专业建设特色化理论研究还是比较匮乏。本书期待在借鉴以上研究结果的基础上，能够针对中职学校和高职院校，探索出一条最适合自身专业建设特色化和特色专业建设的途径与方法，以期对于职业院校的专业建设工作有一定的借鉴意义。

1.3.5 研究的主要方法

1. 文献研究法

文献研究法是从研究目的出发，通过对资料的收集、整理、分析、归纳和提炼，从而获取研究信息的方法。本研究许多观点需要采用哲学、社会学、政治学、经济学、系统论等多学科的观点分析问题，通过收集国内外与职业教育专业建设相关的文献资料，认真阅读，总结分析前人是如何进行调查研究的，并有选择地参考借鉴其研究成果。通过查阅文献，从相关研究中找到课题研究的线索，发现解决问题的思路，了解学术界对职业院校专业建设特色化的理论研究和实践探索的主要成果、所达到的研究水平、研究重点和方向，了解本研究方向中已经解决的问题和需要进一步研究的问题，从宏观层面理解职业院校专业建设特色化的背景、意义、现状、趋势等。

2. 比较研究法

专业特色是一个内涵极其丰富的概念，为了比较直观地说明专业建设特色对职业院校发展的重要作用，本课题中主要对中高职职业教育专业建设特色进行比较。目前我国职业教育专业建设内涵发展和研究还处于初级阶段，立足本国国情，借鉴国外已有成果，有选择地吸取国外先进的经验，并对如何提升职业教育质量和在专业建设过程中如何更好地利用、处理与借助行业、企业、社会力量丰富办学资源、提高办学效益提供宝贵经验。此外，通过梳理我国职业院校专业建设历史和专业建设特色化的实践过程，对不同时期专业建设情况和特色化建设的要求进行分析，从历史发展中吸取宝贵的经验，是历史分析法和比较研究法的综合运用。

3. 调查研究法

调查研究属于中观层面的研究，本书对广西区内开设汽车运用与维修专业和汽车检测与维修技术专业的职业院校的专业设置和专业建设现状进行全面调查研究，对2007年以来广西职业院校范围内特色专业建设的规模、内涵、效果、效益及存在的问题和原因进行深入调查研究，对发展专业特色的成效和问题形成比较客观的认识，并对专业特色存在的问题与不足，提出改进建议。

4. 案例研究法

案例研究属于微观层面的研究，也是本课题研究的重心。本研究拟选取广西某中职学校和某高职院校作为研究对象，研究不同类别专业的发展过程。专业建设特色化是一种过程范畴，过程研究作为案例研究的重要手段主要有两方面的意义：第一个意义是"追踪"，即通过描述所研究的背景和组织，发现措施或项目被实施的程度，用一个具有形成性的方式提供即时回馈信息。第二个意义是"原因解释"，即发现或肯定一定的措施如期待的那样产生了效果。通过职业院校专业建设特色化的微观研究，为提高职业院校专业建设水平和专业治理能力、实现职业院校的发展目标提供理论依据和实践基础。

5. 统计研究法

通过查阅国家及广西统计局、人力资源和社会保障厅、广西教育厅、广西工信委、广西统计年鉴等相关机构近几年来的统计数据，分别利用相关分析、偏离度分析、因果关系分析等统计分析方法，构建统计模型，为论文研究提供数据支撑。

第 2 章 核心概念与理论基础分析

2.1 核心概念的界定

本课题的研究对象是职业院校专业建设，核心关键词：专业、专业建设与职业教育专业建设；特色、专业特色与特色专业；专业设置特色化与专业建设特色化；职业院校、中等职业学校与高等职业学校。

2.1.1 专业建设与专业建设要素

根据联合国教科文组织《国际教育分类标准》，专业是指"实际的、技术的、职业的特殊专业课程，定向于某个特定职业的课程计划"。《简明教育词典》中"专业"的意思是高等学校或者中等职业学校按社会专业分工需要规定的学业门类。潘懋元、王伟廉对"专业"一词的解释是指课程的一种组织形式。周川将"专业"定义为依据确定的培养目标设置于高等学校（及其相应的教育机构）的教育基本单位或教育基本组织形式。姜大源认为，专业是教育部门根据劳动市场对从事各种社会职业的劳动者和专门人才的需要以及学校教育的可能性所提供的培养类型，是由专业培养目标、课程体系与教育者及受教育者等要素构成，以为社会培养各层次技能人才为宗旨的系列组织体系。本课题中的"专业"是指在学科分类和社会职业分工的基础上，对专门知识、专业技能和职业伦理进行教学活动的基本组织形式。职业教育的专业是技术专业，是按照技术领域或服务对象进行分类的，是为了培养学生掌握具有从事特定职业或行业工作所需的技能和知识。职业教育的本质对技术专业知识的要求更加强调职业岗位技术工作的适应性、针对性和应用性以及专门人才的技术性和职业性。黄宏伟认为，专业建设是由专业规划与布局、专业设置、专业培养目标定位、专业培养模式的革新、师资建设、课程建设以及实习和实训体系建设，以及一系列以自评和他评形式形成的评估、验收活动所构成的系统工作。职业教育专业建设是一个过程范畴，可从宏观、中观和微观三个层面进行理解，宏观层面的专业建设指的是整个职业教育专业体系建设，包括对整个职业教育体系进行专业规划、布局、设置，以及优化调整专业结构、扶持重点专业等；中观层面是指某个职业院校的总体专业建设情况；微观层面则具体到某一学校的某一具体专业。某一专业的建设是按照社会发展需求，设定该专业的培养目标与培养规格，制订相应的专业教学计划，建设课程、师资、实训基地和革新教学方法等一系列过程。专业建设不单纯是以学校作为主体的教学活动，一个专业的开设与否不仅要考虑学校的实力和条件，更需要考虑行业和企业的需求，需要行业和企业的积极参与。

专业建设要素包括专业设置与规模、专业师资队伍、实训基地建设、专业教学与课程建设、专业办学质量、校企合作与社会服务。专业设置与规模是专业建设的前提，该子系统包括专业设置、专业发展、专业规模和职业培训。专业师资队伍是专业建设的关键，该子系统包括专业带头人、师资结构、"双师型"教师、师资培养和教学研究。实训基地建设是专业建设的基础，该子系统包括环境与制度建设、实训的设备建设、实训教学和顶岗实习。专业教学与课程建设是专业建设的核心，该子系统包括常规管理、教学方案、课程体系、课程实施、课程评价、教学资源和教材建设。专业办学质量是专业建设的质量，该子系统包括质量监控、双证率及就业质量和技能比赛。校企合作与社会服务是专业建设的支柱，该子系统包括校企合作、技能鉴定两个子要素。

2.1.2 特色、专业特色与特色专业

特色是一事物区别于他事物的本质特征，是与他事物相比具有的独特性，也就是自身拥有的格外突出的个性、风格与特点等。广义的特色是一个中性的概念，可以指正面的特色，也可以指反面的特色；狭义的特色是指事物某些方面优于自身其他方面并优于其他事物同一方面的某些优秀品质。本研究中的特色是指狭义的概念。

专业的特色可以理解为其在人才培养目标、培养方案、培养途径与模式、教学设备设施与师资队伍条件、课程构成与课程内容体系、教材、教学技术与教学方法、教学管理、教学评价、人才培养质量等方面所具有的与众不同的特点。专业的特色有两个内涵，分别是特色专业和专业特色。特色专业是指专业的学科（或专业）类别具有独特性，如文科类专业与工科类专业、制造类专业与管理类专业等是不同学科（或专业）类别的专业，其专业从外延到内涵整体相对具有独特性，特色专业充分体现学校在办学定位、教育目标、师资队伍、课程体系、教学条件和培养质量等方面，具有较高的办学水平和鲜明的办学特色，获得社会认同并有较高社会声誉，其专业办学条件、建设水平、教学管理、教学改革成果和人才培养质量等在国内外达到较高水平或者在国内外具有影响力和知名度。专业特色是指学科（或专业）类别相同的专业其内涵的某些方面具有独特性，如同样是机械制造与自动化专业，但其专业方向、人才培养目标、培养模式、课程构成、质量标准等可能不同，即只是专业内涵的某些方面相对具有独特性，是在一定的办学思想的指导下，经过长期的办学实践而逐步形成的相对稳定持久的独特、优质的发展方式，反映在人才培养目标、人才培养模式、人才培养方案、师资队伍素质、硬件设施等专业建设的主要要素上，最终通过人才培养质量得到体现。

2.1.3 特色专业建设与专业建设特色化

特色专业建设就是指各类院校根据教育主管部门和行业主管部门所

提供的专业目录进行特色专业开设与调整的过程，即特色专业怎样建设、有怎样的建设任务、有哪些工作要做。根据相关研究成果，特色专业建设主要涉及以下九个方面的建设内容：①根据国家经济与社会发展的需要，学校的办学目标和办学定位，拟订科学而系统的专业发展规划、专业人才培养方案以及专业教学计划；②经过充分的科学论证，创造一定的条件，申报并设置学科专业；③规划、设置并逐步完善专业教学必需的课程体系，加强课程建设，努力建设特色专业与精品课程；④逐步建设一支爱岗敬业、素质全面、数量足够、结构合理的专业教师队伍，不断加强优秀教学团队建设；⑤逐步建设和完善专业教材系列，努力推出一批有特色的精品教材；⑥组织并逐步完善专业的实践教学，加强学生的专业技能训练；⑦建立健全教研机构和教研制度，组织开展专业的教学研究和教学改革活动；⑧逐步建设和完善专业教学的各种硬件条件；⑨建立、实施并逐步完善专业教学的质量监控与评估体系。

专业建设特色化是指各类院校在改造、完善传统专业及申报、创建新专业的过程中，以特色的理念和特色的思维指导学校各个专业制订培养目标、优化培养方案、整合教学资源、提升管理水平，从而建成一批具有较高办学水平、较强竞争能力、较好社会声誉的，能够为全校各专业建设提供示范和导向作用的专业的实践过程。专业建设特色化是一个过程范畴的概念，泛指在专业建设过程中能够体现特色化的所有方面，如建设主体特色化、建设要素特色化、建设机制特色化、建设过程特色化、建设思路特色化、建设路径特色化、建设模型特色化等。

特色专业建设与专业建设特色化是同质而不同层次的两个概念。特色专业建设的实质是"人无我有"，而专业建设特色化的实质则是"人有我优""人优我特"，是一种更宽领域、更高层次、更具发展力的特色表征。同时，特色专业建设与专业建设特色化也是有一定联系的，特色专业建设是专业建设特色化的重要内容，专业建设特色化也是特色专业建设的进一步发展和升华，是学校专业特色在更高层次上的整合和提升。

2.1.4 专业结构与产业结构

专业结构就是专业的各要素之间的关系。因此，要理解专业结构，必须从两方面入手：一是要素，二是要素之间的关系。专业发展内涵、口径与质量等都是专业的要素；专业数量、规模、布局、衔接关系等是专业关系，它是指在一定专业内涵的基础上专业间的构成状态。职业教育专业结构是指专业的归属或等级关系，这是从专业结构所覆盖的知识、技能和素质范围上来说的，高职教育专业结构一般分为专业大类、专业类、专业三个级别，专业大类对应的是产业；专业类对应的是行业；专业一般对应职业岗位群或技术领域，突出职业性和高等教育属性。从专业的规模和数量上看，高职教育专业结构是指专业的个数、专业规模总量、专业布局、专业之间规模比例等。专业的个数是指一个国家或地区高等职业教育所设置的不重复计算的专业总数量；专业规模总量是指一个国家或地区高等职业教育所有的专业总量，包括某一专业在全国或某一地区设置的数量；专业布局是指专业总量及其某一相同专业数量在整个国家或地区高等职业院校间的分布；专业之间规模比例是指不同专业设置的数量、布局情况、招生和在校生规模比例等。从专业结构的层次角度，高职教育专业结构可分为宏观结构、中观结构与微观结构三个层面。宏观结构是指一个国家或地区的高职教育专业总体结构，即根据一个国家或地区的国民经济与社会发展的职业岗位需求及其所能够提供的条件，而形成的高等职业教育专业的总体布局。中观结构是指某一区域的高等职业教育专业结构的总体布局形态。微观结构具体是指某所高职院校内部的专业设置情况及其整体的结构形态。高职教育专业结构调整主要是指根据产业、行业和职业岗位群和专业自身发展的特点及要求，对不合理的专业结构进行的调整。专业调整的内容是指专业结构的各要素及其它们之间是怎样的关系，专业调整的方式集中表现为专业调整的机制上。

产业结构是指各种生产要素在各产业部门间的比例构成及其相互关系，是一个国家或地区的生产要素在国民经济各部门的配置状况及制约方式。产业结构同时反映了各个产业在国民经济整体中的分布状况及产业之间的内在联系。产业结构通常用各产业部门产值占国民生产总值的比例来表示。本课题的产业结构是指广义的产业结构，即国民经济中第一产业、第二产业、第三产业之间的构成以及比例关系；影响产业结构变动的因素主要是人力资源状况，具体到高等职业教育的人才培养，又需要通过不同的专业来组织实施，因此，专业结构的调整将对产业结构的调整产生重大影响。产业结构的演进是指产业结构不断高度化和合理化，向着优化的方向发展。高度化是指产业结构水平由低向高的演进，合理化是指产业与产业之间协调能力的加强和关联水平的提高。产业结构的高度化状况可以采用第三次产业增加值占国内生产总值的比重来衡量，如果是上升的，产业结构高度化程度就是在提高；产业结构的合理化，主要用"市场供求判断法"进行分析判断，即各产业及产业内部的生产供应是否能满足市场各种消费的需求，如果供给能满足需求的要求，产业结构就是合理的，否则就是不合理的。

2.1.5　中等职业学校和高等职业院校

本研究中的职业院校在外延上包括中等职业学校和高等职业院校。教育部在《中等职业学校设置标准》对中等职业学校下的定义是："中等职业学校是实施中等职业教育的学校，招生对象是初中毕业生和具有与初中同等学历的人员，基本学制为三年制。其定位是在义务教育的基础上培养大量技能型人才与高素质劳动者，分为公办和民办两大类。"我国目前高等职业技术教育主要在专科层次，举办高职教育的共有六大主体，分别是职业大学、高等专科学校、独立设置的高等职业（技术）学院、独立设置的成人高校、本科院校举办的高等职业学院、电大及专修学院。本研究所谓的"高职院校"指的是前三类办学主体，即职业大学、高等专科学校和独立设置的高等职业（技术）学院，其他高职教育的举办者不在本课题研究范围内。

从广西职业教育的发展实际来看，新建应用型本科院校建设还处于启动阶段，其专业建设的理论研究和实践探索还较为薄弱，所以本研究中的职业院校是指属于学校教育范畴内的公办性质的中等职业学校和专科层次的高等职业院校。

2.2 理论基础分析

2.2.1 系统论

系统是由若干要素以一定结构形式联结构成的具有某种功能的有机整体。系统论是用数学方法定量地描述其功能，研究各种系统的共同特征，寻求并确立适用的原理、原则和数学模型，是具有逻辑和数学性质的一门科学。任何事物都可以看作一个系统，系统的核心思想是系统的整体性和开放性。系统整体性原理是指系统是由若干要素组成的具有一定新功能的有机整体，各个作为系统子单元的要素一旦组成系统整体，就具有独立要素所不具有的性质和功能，形成了新的系统的质的规定性，从而表现出整体的性质和功能不等于各个要素的性质和功能的简单加总。从相互作用是最根本原因来看，系统中要素之间是由相互作用联系起来的。系统之中的相互作用，是大量线性相互作用，这就使得系统具有了整体。整体的相互作用可以看作各个部分的相互作用的简单叠加，也就是线性叠加。而对于非线性相互作用，整体的相互作用不再等于部分相互作用的简单叠加，各个部分处于有机的、复杂的联系之中，每一个部分都是相互影响、相互制约的。系统的开放性是指系统具有不断地与外界环境进行物质、能量、信息交换的性质和功能，现实的系统都是开放系统。通过系统与环境的交换，潜在的可能性就有可能转化为现实性，转化为现实的东西。

职业教育作为教育大系统环境的子系统之一，其专业结构既可以视为教育结构下的一个子系统，也可以看作各专业组成的一个相对独立的系统。职业教育专业结构调整旨在通过探寻专业之间的最佳组合方式，促使专业结构的布局更加契合区域经济社会发展、行业岗位调整带来的专业结构的变化，以实现高职教育功能的最大限度发挥。职业教育专业结构的调整，要求我们除了考虑专业结构中的要素和要素之间的关系，还应重视专业调整的机制。

2.2.2 教育经济学原理

教育经济学理论揭示了教育同经济之间的关系，有助于我们正确地理解和认识教育的经济意义。职业教育与区域经济发展、技术变革存在紧密的联系，职业教育与区域经济互动共进已经成为影响区域经济发展的重要因素之一。

1. 区域经济对职业教育的决定性作用

区域经济发展规模、速度以及经济结构状况决定了职业教育的规模、办学方向以及人才培养规格和数量。区域经济作为职业教育发展的物质基础，其发展现状决定着对职业教育的投入以及人才需求，对职业教育的发展速度和规模产生直接影响。区域经济结构决定了对人才的需求结构和职业教育层次结构，特别是区域产业结构的优化调整，使技术型人才的需求逐渐加大，而不同的产业结构对人才的需求结构有所不同，区域经济对人才的需求结构的发展改变，将进一步影响职业教育的专业结构设置和人才培养方向。区域经济运行体制决定了职业教育的管理体制。在市场经济条件下，职业教育办学的市场化导向较为显著，职业院校在其内部管理、人才培养目标和学生就业等方面深深地打着市场化的烙印。区域经济发展决定职业教育功能发挥，区域经济发展带来一系列外部环境的变化，将深深影响职业教育的功能发挥。

2. 职业教育对区域经济发展的促进作用

职业教育能够有效提升区域经济的增长效率和发展水平。作为一种应用型较强的教育类型，职业教育具有区域性特点。职业教育以服务经济发展为根本、以学生就业为办学导向，在社会生产方式变革和科技进步的过程中，探索符合时代发展特点的职业教育模式。围绕区域产业发展需求，职业教育在办学理念、办学定位、办学管理体制以及办学模式等方面都要做出适当的变革，充分发挥职业教育在区域经济增长方式转型、结构调整、升级中的作用。

职业教育对于区域产业结构的优化升级具有重要的促进作用。区域产业结构优化升级的核心关键在于具有相应的人才支撑，区域产业的发展与劳动者的人力资本的积累状况息息相关。职业教育在人才培养过程中，通过理论知识传授和实践技能教育，使得受教育者个人的人力资本有所提升。劳动者人力资本结构与产业结构之间的匹配状况直接影响着区域产业结构的发展，若二者匹配程度较高，将有助于区域产业经济的转型与升级；若劳动者的人力资本结构与产业结构不一致，区域经济的发展潜力则将无处释放，产业结构的调整也将受到很大的限制。

职业教育担负着区域人才培养的重任，为区域经济发展提供源源不断的动力。职业教育是一项面向社会劳动者的大众型教育，以就业为导向，主要培养劳动者的工作技能，使其更好地适应未来工作岗位的各方面要求，服务于区域经济的发展。职业教育面向区域发展需求，要不断调整专业结构，提升职业教育的资源配置，实现专业与区域产业之间的对接。

2.2.3 教育供求关系

教育的供求包含教育服务供求和教育产品供求两类。教育服务供求发生在教育过程之中，是指各级各类学校在一定时期内提供给学生的受教育的机会、学生对教育有支付能力的需要；教育产品供求发生在教育的终点，是指各级各类学校为社会或用人单位培养出来的学生。教育供求理论为分析专业设置与社会需求的关系提供了理论支持。职业教育供给涉及两个方面，一是职业院校提供给学生的教育服务，二是职业院校提供给用人单位的教育产品。职业院校要同时面对学生的求学需求和用人单位的人才需求，职业教育的两种供求关系存在于生源市场和劳动力市场两个市场。在生源市场上，学生的求学需求与职业院校对教育服务的供给形成了职业教育服务的供求关系；在劳动力市场上，用人单位的人才需求与职业院校对教育产品的供给形成了职业教育产品的供求关系。生源市场的供求关系和劳动力市场的供求关系通过职业院校有效地结合在一起。教育供求均衡是指教育供求双方在数量和结构的均衡，一是教育服务供给与学生的求学需求的均衡；二是教育产品的提供与用人单位人才需求的均衡。实现职业院校专业建设特色化，一是必须同时考量来源于劳动力市场的用人单位或企业的数量和结构需求与来源于生源市场作为教育消费者的学生的就业和升学需求；二是必须认识到专业建设特色化的目的是为实现职业教育供给与需求的均衡、解决技术技能人才结构性矛盾服务。

2.2.4　社会互动理论

社会互动，即社会相互作用，是指在一定的社会关系背景下，人与人、人与群体、群体与群体等在心理、行为上相互影响、相互作用的动态过程。社会互动理论的核心内容是互动方法。一是本土方法论，现实生活人与人的互动是以一定背景知识和常规为基础的，如果忽视了这种内隐规则，互动就无法进行，进而也不能实现预期目的，所以各方主体能达成对所认定"规则"的共识是有效开展互动的前提。二是符号互动论，认为符号是社会互动的媒介，互动是通过符号进行的，是一种"符号运动"，人的行为具有意义，而意义会随着情境变化而变化，这就需要互动各方通过不断协商来达成共识以重塑其意义，进而决定行为选择和行动方向。

根据社会互动理论，职业教育与社会的互动关系主要体现为职业教育与产业结构之间的互动关系。①职业教育为产业结构优化升级提供人才支持和技术支持。通过与现代化生产联系最密切的职业教育的发展，能够为产业结构的优化升级提升劳动力的技术素质和智力支持。职业院校能够具有掌握科技发展的最新动向和信息资源的相对优势，可以为企业发展和产业结构优化提供强有力的技术支持。②产业结构调整影响职业教育的专业设置和办学规模。一方面，产业结构水平的高低以及由此引发的人才数量需求影响职业教育的办学规模。另一方面，区域经济发展水平决定着对职业教育发展的支持能力和有效需求，从而影响职业教育的办学规模。③产业结构优化为职业教育提供资金支持。职业教育发展必须依靠坚实的物质基础，地方财政和社会投资将成为职业教育资金来源的重要渠道，区域经济发展水平成为影响职业教育发展的重要因素。因此，职业教育与产业结构的互动关系决定了职业院校专业建设特色化实践必须与地方产业结构优化升级、产业集群发展需求紧密结合起来。

教育与经济的关系决定了产业结构制约着教育结构，职业教育作为技术技能型人才培养基地，更应该主动适应区域社会经济发展需求，不断提高专业结构与产业结构的吻合度。结合教育与经济的关系，产业结构与专业结构之间的关系可以概括为以下两点：一是产业结构决定专业结构。随着社会经济的发展，劳动力就会逐步由第一产业向第二产业再向第三产业转移。随着产业结构高级化进程的加快，以往的技术结构和就业结构必然发生改变。在转变过程中，对人才的素质和技能的要求也不断提高，同时也需要多层次的专业结构影响带动产业发展所需要的科技、管理、实践人才，这些层次、素质、技能各不相同的人才多是由作为高等教育机构主体的高校来培养。职业教育作为培养专门技术、技能型人才的机构，其培养人才的结构、规格、规模等只有都与产业结构相吻合，才能有效地为国民经济各个部门培养和输送数量、质量、结构和层次相当的各类专门技术、技能人才，促进社会经济快速发展。因此，职业教育专业结构需要根据产业结构的变化及时进行相应的调整。二是专业结构的优化可促进产业结构升级进而影响经济发展。专业结构制约着人才的工种和岗位类型的形成，专业结构失调会直接影响人才的专业和岗位的对口。产业结构的变化取决于人才的类型和水平，而人才结构的变化、人才素质的提高只能通过发展教育、调整学校专业结构来实现。合理的专业结构可以为适应这些转变提供技术支持和智力保障。教育结构与经济结构作为社会大系统中的子系统，两者之间的适应性是相对的，没有固定不变的模式。人才供给与社会经济发展对人才的需求之间是一种动态的平衡，因此，要积极主动进行专业结构的改革调整，使之与产业结构的变化相适应。

第 3 章 历史和现状分析

3.1 现代职业教育发展历程概述

3.1.1 关于中国现代职业教育体系的探索

中华人民共和国成立后,各行各业急需技术技能人才,中等职业教育长期肩负着培养一批受过良好职业技术教育的中、初级技术人员以及管理人员和技工之重任。1993 年,中共中央、国务院出台《中国教育改革和发展纲要》,指出职业技术教育是工业化和生产社会化、现代化的重要支柱。职业教育发展注重与社会主义市场经济体制相适应,根据产业结构、技术结构与职业结构的演变而调整人才培养目标,为经济社会发展提供适配的应用型和实用型专业人才服务。

伴随着我国工业化发展进入中后期,产业发展对劳动者的技术技能水平提出了更高要求,职业教育进入规模与质量并重的发展阶段。2002 年到 2005 年,先后召开了 3 次全国职业教育工作会议,并自 2005 年开始,连续 3 年扩招 100 万中职学生,重点建设 1 000 所国家示范性中等职业学校和 200 所国家示范(骨干)高等职业院校。职业教育实现了从"相对落后"到"规模第一"、从"量的发展"到"质的飞跃"的转变。2014 年《国务院关于加快发展现代职业教育的决定》强调了职业教育的"现代性",其发展内涵容纳了终身性、融通性、开放性等多元化特征。2014年,习近平总书记在对职业教育工作的重要批示中指出:"职业教育是国民教育体系和人力资源开发的重要组成部分,是广大青年打开通往成功成才大门的重要途径,肩负着培养多样化人才、传承技术技能、促进就业创业的重要职责。"发展现代职业教育在这一新的时代背景下被赋予了新内涵。

2019年1月24日,国务院发布《国家职业教育改革实施方案》,开宗明义地提出:职业教育与普通教育是两种不同教育类型,具有同等重要地位。这句看似简单的表述,代表了职业教育生存发展的新境界。新时期的现代职业教育逐渐由追求规模扩张向提高质量转变,由参照普通教育办学模式向企业社会参与、专业特色鲜明的类型教育转变,为促进经济社会发展和提高国际竞争力提供优质人才资源支撑。中华人民共和国成立70多年来,职业教育的身份认同得以不断构建,作为一种教育类型,其特质张扬的延伸空间不断得到拓展,从一个教育层次转变为一种教育类型的中国方案也由此生成。

3.1.2 关于职业教育发展道路的探索

1996年《中华人民共和国职业教育法》的颁布将职业教育体系法律化,提出职业学校教育分为初等、中等、高等三个层次结构,并且职业教育体系应能与普通教育相互沟通,改革了中等教育结构,初步形成了以中等职业教育为主体的职业教育体系。1998年《面向21世纪教育振兴行动计划》提出中等职业学校毕业生中有3%左右的比例可进入高等职业学校学习,并且允许职业技术院校的毕业生通过考试接受高一级学历教育。中高职衔接的比例规定及"专升本"的教育形式,在一定程度上推动了我国现代职业教育体系的建设进程。2002年《国务院关于大力推进职业教育改革与发展的决定》首次提出"现代职业教育体系"一词,并指出应继续发展中等职业教育,扩大高等职业教育规模,建立中职与高职、职业教育与普通教育及成人教育之间的人才成长立交桥。2010年《国家中长期教育改革和发展规划纲要(2010—2020年)》

和 2014 年《现代职业教育体系建设规划（2014—2020 年）》的出台，进一步明确了我国现代职业教育体系的建设内容与发展内涵；2015 年教育部联合国家发改委、财政部共同发布的《关于引导部分地方普通本科高校向应用型转变的指导意见》，技术技能人才培养的系统化逐步实现。纵向的职业教育体系由中职、高职专科、应用型本科和专业学位研究生的培养体系组成，横向的职业教育体系通过产教融合、双证融通与普通教育相对接。目前，我国已成为世界上职业教育规模最大的国家，具有中国特色的现代职业教育发展路径渐显完善。

3.1.3 关于职业院校办学模式的探索

1991 年《国务院关于大力发展职业技术教育的决定》提出产教结合、工学结合的改革理念，2005 年《国务院关于大力发展职业教育的决定》提出大力推行工学结合、校企合作的培养模式。2006 年《教育部关于职业院校试行工学结合、半工半读的意见》强调，试行工学结合、半工半读是关系到建设有中国特色职业教育的一个带有方向性的关键问题，要加快推进职业教育培养模式由传统的以学校和课程为中心向工学结合、校企合作转变。工学结合作为一种体现教育与产业、学校与企业、理论与实践有机结合的办学模式，是我国职业教育体系建设历程中的必由之路。2012 年宁波市施行《宁波市职业教育校企合作促进条例》，成为我国第一个为职业教育校企合作立法城市，河南、安徽、江西、湖南、山东等 14 个省份相继出台地方性职业教育校企合作促进办法或条例，为职业教育校企合作的制度化建设提供了有益的地方探索。各级教育部门依循"工学结合、校企合作、顶岗实习"的方针，积极营造产教协同发展和校企共同育人格局，校企合作则渐变为现代职业教育发展的主题和校企合作的办学特色。

2017 年，习近平总书记在党的十九大报告中提出"产教融合、校企合作"。随后国务院办公厅发布了《国务院办公厅关于深化产教融合的若干意见》，提出要深化职业教育改革，发挥企业在育人中的重要主体作用。在产业转型升级和高素质技术技能人才短缺的现实情况下，产教融合的办学模式是提高职业教育人才培养与人力资源配置效益的有效途径，不仅承载着国家关切与教育期盼，还影响着就业创业与经济发展。理论与实践均已证明，办职业教育不能没有企业的参与，产教融合强调了宏观层面教育与产业、微观层面教学活动与生产活动的牵涉多方利益主体的跨系统合作，主体间的互动结合可以产生巨大的经济社会效益。产教融合的办学模式是具有中国特色的职业教育办学方向，是建设现代职业教育体系的关键性问题。

3.1.4 关于职业教育服务定位的探索

职业教育承担着培养"职业人"与"社会人"的双重职能，以就业为导向成为职业教育发展定位的重要标识。随着新时代发展理念的更新以及职业教育办学实力的增强，服务国家发展战略、满足经济社会需要、面向个体多样成才成为职业教育发展的多元导向。我国职业教育的服务定位从一种适龄的教育层次转变为面向全体社会成员的教育类型。

1985年《中共中央关于教育体制改革的决定》中指出"教育必须为社会主义建设服务"，将我国职业教育人才培养的目标定义为中、初级技术和管理人员。1998年和2000年有关深化职业教育教学改革意见政策文件均提出职业教育应面向一线，培养应用型专门人才与高素质劳动者。这一时期，我国各级各类教育都将精力放在为社会主义现代化建设服务中，更多地满足了社会、政治、经济等外部主体发展的价值需求。

2008年教育部印发《教育部关于进一步深化中等职业教育教学改革的若干意见》，提出中等职业教育应突出职业道德教育，全面培养学生的综合素质与职业能力，提高其就业创业能力。职业教育促进个体全面可持续发展的人文关怀初步显现。2014年国务院发布的《国务院关于加快发展现代职业教育的决定》提出要统筹发展各级各类职业教育，坚持学校教育和职业培训并举，实现终身教育。职业教育明确了从关注服务经济社会发展到关注个体全面发展的重要价值导向演换，实现了从20世纪末的素质教育思想到21世纪的"以人为本"教育理念之转变。

2019年，李克强总理在政府工作报告中提出高职百万扩招的政策，高职生源从传统的应届学生走向多元群体，涵盖了高中毕业生、退役军人、农民工和下岗职工等。这不仅意味着我国职业教育的发展持续响应着宏观层面的国家战略需求，即更高质量更充分的就业需要，更体现了职业教育始终遵循着"办合适教育"的发展宗旨，即面向全体社会成员的终身教育发展需要，提高人才培养的适切性。职业教育的服务定位更加全面，坚持立德树人、彰显教育公平和注重因材施教成为现代职业教育体系建设发展的中国方案。

3.2 职业院校专业设置与结构调整历程

3.2.1 中职学校专业目录修订历程

我国中等职业学校专业目录，从 1993 年最后一次按照学科设置到 2018 年基本按照职业设置，经历了 4 次修订。

1. 1993 版目录的修订

1993 年，中华人民共和国国家教育委员会颁布了《普通中等专业学校专业目录》，这是我国最后一次按照学科设置中等职业学校专业目录。专业目录按工科、农科、林科、医药卫生科、财经科、管理科、政法科、艺术科和体育科等分为 9 科；各科下又分类，如工科又分为地质类、矿业类、冶金类、动力类、机械类、电气仪表类、电子类等，各科共分成 49 类；各类再分为专业，如农科种植类分为农作物、植物保护、土壤肥料、园艺等，各类共分成 518 个专业。

1993 年专业目录修订有两个特点：一是去行业，如工业企业管理专业是由原企业管理、机械工业企业管理、邮电企业管理、煤炭企业管理、纺织企业管理、公路企业管理等专业合并设置。二是学科化，如社区医学专业是由原医士、麻醉医士、皮肤科医士、五官科医士、眼科医士、临床医学等专业合并设置。

2. 2000 版目录的修订

2000年中华人民共和国教育部颁布了《中等职业学校专业目录》。这个专业目录的专业不再按学科设置，而是按产业设置。专业按农林类、资源与环境类、能源类、土木水利工程类、加工制造类、交通运输类、信息技术类、医药卫生类、商贸旅游类、财经类、文化艺术与体育类、社会公共事业类和其他类等分为13大类；大类之下划分专业，如农林类下设置了种植、农艺、园艺等，各类共分为270个专业；专业下再分专业化方向，如种植专业分为农作物、果蔬、观赏植物、植物保护、种子、烟草、茶叶、草料与饲料作物、草坪生产与养护等，各专业共分为470个专业方向。

2000年专业目录修订也有两个特点：一是去学科化，不再按学科设置，而是按产业类设置专业；二是关注产业和职业，专业目录修订说明指出，本专业目录适应产业与职业分类制定。

3. 2010 版目录的修订

2010年颁布的《中等职业学校专业目录（2010修订)》，基本实现了专业按职业岗位（群）设置，反映了职业教育的本质规律，是我国职业教育专业设置实践的创新。专业目录按农林牧渔类、资源环境类、能源与新能源类、土木水利类、加工制造类、石油化工类、轻纺食品类、交通运输类、信息技术类、医药卫生类、休闲保健类、财经商贸类、旅游服务类、文化艺术类、休闲与体育类、教育类、司法服务类、公共管理与服务类、其他等分为19大类；大类之下按职业设置专业，如农林牧渔类下设置了农艺技术、设施农业生产技术、果蔬花卉生产技术等，各类共分为321个专业；专业下再分专业（技能）方向，如果蔬花卉生产技术专业分为果树栽培、有机蔬菜生产、食用菌栽培、花卉栽培等，各专业共分为927个方向。

2010版专业目录的显著特点是实现了四个对接：专业大类与产业对接，目录列出了19个产业对应的321个专业；专业与职业（岗位）对接，目录列出了321个专业对应的1185个职业（岗位）；专业（课程标准）与职业资格标准对接，目录列举321个专业对应的720个职业资格证书；中等职业教育专业与继续学习专业的对接，目录列举了321个专业对应的554个继续学习专业。通过四个对接，专业目录充分反映了目前我国经济社会发展、产业结构调整、经济发展方式转变和科学技术进步对中等职业学校专业开设的需求。

4. 2018版目录的修订

随着经济社会发展、产业转型升级和职业教育自身的改革发展，对中等职业学校专业设置提出了新的更高的要求。为进一步适应需求，提高技术技能人才培养质量，根据专业管理办法关于"国务院教育行政部门负责全国中等职业学校专业设置的宏观指导，制定并定期修订《目录》的规定"，由教育部职业技术教育中心研究所牵头，组建了综合专家组和6个专业类专家工作组，54个行业职业教育教学指导委员会（以下简称行指委）参与修订工作，组织全国行业职业教育教学指导委员会研究论证，对2010版中等职业学校专业目录进行修订。

2018版中职专业目录修订的主要内容如下：增补46个专业，主要涉及14个专业类，其中，财政商贸类7个，土木水利类6个，交通运输类5个，资源环境类、加工制造类、信息技术类各4个，农林牧渔类、旅游服务类各3个，轻纺食品类、医药卫生类、文化艺术类、公共管理与服务类各2个，能源与新能源类、教育类各1个。其具体包括以下内容。

围绕服务乡村振兴战略，一是服务家庭农场、农业产业化龙头企业等新型农业经营主体对人才的需求，增补家庭农场生产经营专业。二是服务水土保持、防汛抗旱等基层水利服务体系建设，增补水土保持技术、水利工程运行与管理等6个专业。三是服务安全生产生活防控体系建设，增补安全技术管理、应急管理与减灾技术等专业。四是服务农产品质量安全和食品安全战略，增补农产品质量检测与管理、食品安全与检测技术等专业。

围绕服务制造强国建设，一是推动信息技术与制造业深度融合，服务智能制造、新能源汽车等产业发展，增补工业机器人技术应用、增材制造技术应用、新能源汽车装调与检修、新能源汽车维修等专业。二是服务物联网、智能机器人、移动应用、信息安全等新产业，增补物联网技术应用、服务机器人装调与维护、移动应用技术与服务、网络信息安全等专业。三是服务无人机及通用航空器产业发展，增补无人机操控与维护、机场场务技术与管理等专业。

围绕服务现代服务业提质扩容，一是适应数字经济、人工智能产业深入发展的新需要，新零售、无人零售、线上线下融合发展的新态势，市场营销向数字营销、智能营销方向发展的新动向，增补移动商务、网络营销等专业。二是服务"一带一路"建设，发展新兴对外贸易模式，推进沿线国家的经贸往来，增补跨境电子商务、国际货运代理等4个专业。三是服务第三方物流和绿色物流、冷链物流、城乡配送快速发展，增补快递运营管理、冷链物流服务与管理等专业。四是服务生活休闲、文化服务、生态旅游等行业发展，增补茶艺与茶营销、中西面点等5个专业。五是支持残疾人服务、养老服务、托育托幼等社会服务事业发展，增补智能养老服务、社会工作等4个专业。

3.2.2 高职院校专业设置与专业建设现状

1. 2004版高职专业目录

2004版高职专业目录，包括层次结构和类别结构。层次结构有3个：专业大类、专业类和专业。

第一个层次是专业大类。2004版专业目录共分19个专业大类，19个专业大类的划分突破了本科按照学科体系分类的方式，而是以国家产业分类标准为主要依据，并兼顾学科。按照三次产业划分，与第一产业有关的专业大类有1个：农林牧副渔大类；与第二产业有关的专业大类有10个：交通运输大类、生化与药品大类、资源开发与测绘大类、材料与能源大类、土木建筑大类、水利大类、制造大类、电子信息大类、环保气象与安全大类、轻纺食品大类；与第三产业有关的专业大类有8个：财经大类、医药卫生大类、旅游大类、公共事业大类、文化教育大类、艺术设计传媒大类、公安大类、法律大类。目录中未单独设置"管理大类"，有关管理类的专业，分别按照管理分属的职业划入了不同的专业大类，如交通运输大类中有14个管理专业分别划入7个专业类：公路运输与管理、高等级公路维护与管理、路政管理3个专业划入"公路运输类"；铁道交通运营管理专业划入"铁路运输类"；城市轨道交通运营管理专业划入"城市轨道运输类"；水运管理、国际航运业务管理、海事管理3个专业划入"水上运输类"；空中交通管理、民航安全技术管理、航空油料管理和应用3个专业划入了"民航运输类"；港口业务管理、集装箱运输管理2个专业划入"港口运输类"；管道运输管理专业划入"管道运输类"，体现了职业教育的特色。专业大类的划分，可以体现我国高职专业大类的结构，从而体现我国产业划分的特点。

第二个层次是专业类。2004版专业目录共分78个专业类，78个专业类的划分是以行业、技术领域为主要依据，同时考虑专业所具有的基础知识和基本技能。例如交通运输大类包括7个专业类：公路运输类、铁路运输类、城市轨道运输类、水上运输类、民航运输类、港口运输类、管道运输类。专业类的划分，可以体现我国高职各个专业类的结构，从而体现我国产业、行业、技术划分的特点。

第三个层次是专业。2004版专业目录共设置高职专业532种，532种专业的划分是以职业或职业岗位群为依据，与一次产业有关的专业38种，占设置专业总数的7.1%；与二次产业有关的专业287种，占设置专业总数的54%；与三次产业有关的专业207种，占设置专业总数的38.9%；三次产业对应的专业比重为7.1∶54∶38.9，呈现"二三一"的结构。

2004版专业目录的设置，无论是专业结构的层次结构，还是专业结构的类别结构，都主动适应21世纪我国产业结构调整、人才市场需求和提高国际竞争力的需要，为区域支柱产业、高新技术产业和服务业培养新型产业人才。由于我国各地经济结构存在差异，尤其是高新技术产业的迅速发展，新的工作岗位（群）会不断产生，对高职教育的人才培养会不断提出新要求。在指导性专业目录框架内，遵照"专业大类原则不变、专业类相对稳定、专业基本开放"的原则，学校可以在相关的专业类中增设目录外的专业和专业方向,教育部每2年对专业目录进行一次更新。这些为高职专业调整提供了政策依据,促进了高职专业结构调整的制度化,使高职专业设置能够不断适应经济和社会的发展。

2. 2015版高职专业目录

为适应产业结构调整对高职教育人才培养提出的新要求,对接、服务、引领产业发展设置专业,提高教育教学质量,教育部从2013年起,开展对2004版目录的修订工作,经过2年的调研和研制,参考了2011年的国民经济行业分类、2012年的三次产业划分规定、2013版的国家职业分类大典和2010年修订中职专业目录、2012年的普通高等学校本科专业目录等,形成了新修订的《普通高等学校高等职业教育(专科)专业目录(2015年)》和《普通高等学校高等职业教育(专科)专业设置管理办法》。在参考《国民经济行业分类(2011)》《三次产业划分规定(2012)》《中华人民共和国职业分类大典(2015版)》和《中等职业学校专业目录(2010年修订)》《普通高等学校本科专业目录(2012年)》后,对2014年高职专业目录基本框架、专业体系、专业简介等方面进行全面修订。

3. 2004版和2015版高职专业目录的变化

1)目录结构变化情况

2004版目录结构为"专业大类-专业类-专业代码-专业名称",新目录调整为"专业大类-专业类-专业代码-专业名称-专业方向举例-主要对应职业类别-衔接中职专业举例-接续本科专业举例",新增了"专业方向举例""主要对应职业类别""衔接中职专业举例""接续本科专业举例"四项内容,明确了专业与专业方向、对应职业类别、衔接专业的关系。2015版高职专业目录体系结构见表3-1。

表3-1 2015版高职专业目录体系结构

专业大类	专业数	专业方向	对应职业数累计	中高职专业衔接累计	接续本科专业举例累计
农林牧渔大类	51	58	137	75	77

续表

专业大类	专业数	专业方向	对应职业数累计	中高职专业衔接累计	接续本科专业举例累计
资源环境与安全大类	66	89	165	138	165
能源动力与材料大类	49	59	122	91	84
土木建筑大类	32	37	54	28	100
水利大类	16	12	56	35	31
装备制造大类	65	119	195	160	123
生物与化工大类	17	10	51	28	27
轻工纺织大类	32	8	54	46	48
食品药品与粮食大类	18	45	46	39	46
交通运输大类	66	74	137	129	151
电子信息大类	40	44	100	94	91
医药卫生大类	46	35	60	59	67
财经商贸大类	47	37	89	66	66
旅游大类	12	22	18	20	19
文化艺术大类	58	36	118	147	131
新闻传播大类	23	6	48	38	44
教育与体育大类	49	28	105	65	137
公安与司法大类	42	5	50	2	56
公共管理体育服务大类	19	27	29	20	30
合计	748	751	1 634	1 280	1 493

注：数据来源于"2015版高职专业目录"。

2）专业划分变化情况

2015版目录主要根据产业分类进行专业划分，第一产业主要涉及农林牧渔大类，设专业51个；第二产业涉及资源环境与安全、能源动力与材料等8个专业大类，设专业295个；第三产业涉及交通运输、电子信息等10个专业大类，设专业402个；三次产业相关专业数比例为

6.8：39.4：53.8，更加符合我国产业结构调整要求。

2015版目录参照《国民经济行业分类》门类、大类划分，同时兼顾中职专业类、本科学科门类和专业类划分，原则上专业大类对应产业、专业类对应行业，专业大类数量维持原来的19个不变，排序和划分有所调整，如2004版目录中"生化与药品大类""轻纺食品大类"调整为"生物与化工大类""轻工纺织大类""食品药品与粮食大类"；"资源开发与测绘大类""环保、气象与安全大类"合并为"资源环境与安全大类"；"公安大类""法律大类"合并为"公安与司法大类"。

专业类由原来的78个调整增加到99个。增加的原因主要有：一是行业大类有所增加。如2011年颁布的《国民经济行业分类》中设置了"交通运输、仓储和邮政业"大类，因此在目录的"交通运输大类"中增设了"邮政类"。二是适应国家重点产业发展需要。如对应粮食、食品安全、健康服务业发展，增设了"粮食工业类""粮食储检类""食品药品管理类""健康管理与促进类"等。三是本科专业类有所调整。2012年修订的本科专业目录中增设了部分专业类，如物流管理与工程类、电子商务类，目录对应增设了"物流类""电子商务类"。

3）专业设置变化情况

专业总数由原来的1 170个调减到748个（其中保留264个，占总数的36%；更名167个，占总数的22%；合并到243个，占总数的32%；新增74个，占总数的10%；取消68个），同时还首次列举了746个专业方向。

保留的专业主要是符合产业发展实际和趋势，相对应的职业成熟稳定、专业布点较广、就业面向明确、名称科学合理的专业。如种子生产与经营、数控技术等专业。

更名的专业主要是专业名称不够科学规范、不能完全体现专业内涵，或需根据相对应的产业转型升级与技术进步而调整的专业。如将"设施农业技术"更名为"设施农业与装备"等。

合并的专业主要是专业内涵相近、核心课程基本相同或专业口径太窄的专业。如将"园艺技术""都市园艺""设施园艺工程""商品花卉"等合并为"园艺技术"等。

取消的专业主要是相对应的产业为淘汰类、限制类的产业，且专业布点较少（连续三年没有布点）、招生规模过小，或专业不符合高职教育培养定位的专业。如森林采运工程、中西医结合等专业。

新增的专业主要是适应产业转型升级、产业链延伸交叉、新兴职业与技术进步需要的专业。如移动应用开发、云计算技术与应用、物联网工程技术、清洁生产与减排技术、互联网金融等专业。

3.3　广西中高职院校专业建设特色化历史与现状

3.3.1　特色专业建设是广西高等学校质量工程建设的重要组成部分

2011年，广西启动了高等学校特色专业及课程一体化项目建设，其建设目标是把特色专业建设与课程建设结合起来，以特色专业建设为龙头，以课程建设为载体；加强师资队伍、实验条件的建设，进一步优化专业人才培养方案，创新特色课程体系；改革和创新专业人才培养模式，创立高校与行业企业联合培养人才机制，着力提高学生服务广西经济社会发展的社会责任感、勇于探索的创新精神和善于解决问题的实践能力；推进高校专业建设，全面带动全区高等学校的专业及课程建设水平和教学质量提升。2011—2013年全区共设置300个特色专业及600门特色课程，有力促进特色专业及课程一体化体系构建。

特色专业及课程一体化项目坚持"分类指导、改革创新、突出特色、示范推动"的原则，特色专业及课程一体化建设项目重点建设三类专业点，以满足广西经济社会发展需要。一是建设一批适应广西"14+4"千亿元产业、北部湾经济区发展、现代服务业以及现代农业发展需要的急需专业；二是建设一批能充分体现学校办学定位、具备一定办学规模，在人才培养、校企合作、服务广西产业或行业等方面颇具示范作用的特色专业;三是建设一批在教育目标、师资队伍、课程体系、人才培养模式、人才培养质量等方面具有较高的办学水平,获得社会认同并具有较高社会声誉的优势专业。2011年自治区教育厅共批准了202个项目为广西高等学校特色专业及课程一体化立项建设项目,其中急需专业建设点59个,特色专业建设点78个,优势专业建设点65个;特色课程404门。2012年自治区教育厅共批准了46个项目为广西高等学校特色专业及课程一体化立项建设项目,其中急需专业建设点7个,特色专业建设点29个,优势专业建设点10个;特色课程58门。

3.3.2 "特色专业+实训基地"建设工程是广西职业教育基础能力建设工程的重要组成部分

2014年广西启动职业教育示范特色专业和实训基地建设工程项目。"特色专业+实训基地"建设工程的总体目标是围绕广西"14+10"现代工业、现代服务业、特色农业和民族文化产业发展需要,以示范特色专业及实训基地建设为切入点,以专业群建设为核心,优化专业结构、创新校企合作办学体制机制、改革人才培养模式及课程体系、建设配套的高水平实训基地。计划2014—2020年,共建成450个产教深度融合、办学特色鲜明、课程教学与条件支撑相匹配、示范引领、国内领先的职业教育示范特色专业及实训基地,其中中等职业学校300个、高职高专院校100个、应用技术本科院校50个。"特色专业+实训基地"建设工程的建设任务,一是以专业群对接产业优化职业院校专业布局。重点支持与"14+10"现代工业、现代服务业、特色农业、民族文化产业发展密切相关的专业,实现全区职业院校重点专业群对重点产业的全面覆盖。二是以能力培养对接岗位需求改革专业课程体系。以提高学生综合职业能力为目标,根据职业岗位任职能力要求,校企共同设计、实施、评价人才培养方案,重构行动导向的课程体系。根据产业转型升级对职业标准提出的新要求,推进专业课程内容与职业标准对接,校企合作开发特色专业课程标准、教材及教学资源库。推进学历证书与职业资格证书对接,实施"双证书"制度。改革教学方法和手段,推行项目导向、任务驱动的教学模式，充分运用信息化教学手段，改革教学方法，施行灵活的教学组织模式。构建学校、行业、企业、专业机构和其他社会组织等多方参与的评价体系，完善质量保障体系，全面提高专业人才培养质量。三是系统推进专业建设和实训基地建设。结合特色专业（群）课程体系，构建以支撑专业群的核心技能训练为基础、行业企业深度参与的实践性教学体系。对接行业企业需求，制订覆盖本专业（群）核心技能和职业态度、职业素养要求的模块化实习实训实施方案。建设满足专业（群）教学实训、职业培训、技能鉴定、技术服务需求的实训基地。以企业生产和服务流程为导向，引入行业企业新工艺、新技术、新产品、新标准，校企共同开发配套的实践教学资源。四是创新技术技能人才培养模式和实训基地建设模式。创新校企合建专业（群）的体制机制，建立校企共建专业建设委员会等组织机构及运行机制，通过"校中厂"、订单班等多样化的合作载体与合作途径，实现合作办学、合作育人、合作就业、合作发展，促进特色专业与产业的深度融合。创新专业实训室建设理念，按照企业现场生产的技术、设备和设施标准，引入企业先进的管理理念、企业文化、真实项目，以企业生产和服务流程为导向，设计、建设工作过程导向的专业实训室。探索股份制、混合所有制等多元主体的经营性实训基地建设模式，建立校企共享实训基地运行长效机制，校企双方教学及生产成本分担、利益分享，通过技术服务、培训鉴定、产品销售等，增强实训基地的造血功能，拓宽可持续发展途径。"特色专业＋实训基地"的建设目的是不断提高技术技能人才培养和产业发展需求的契合度，持续增强职业教育服务产业发展的能力。

3.3.3　广西中高职专业建设特色化现状

"特色专业＋实训基地"建设工程的总体目标是以示范特色专业及实训基地建设为切入点，以专业群建设为核心，优化专业结构、创新校企合作办学体制机制、改革人才培养模式及课程体系、建设配套的高水平实训基地。据统计，2014—2015年，自治区财政统筹中央财政安排

10亿元和自治区本级财政安排5.05亿元，共计15.05亿元资金，支持全区183个中等职业学校和59个高职高专院校特色专业建设与实训基地建设，分别完成任务61%、59%。其中，中等职业学校特色专业建设和实训基地建设平均给予500万元/个、高职高专院校特色专业建设和实训基地建设平均给予1 000万元/个的补助。2016—2017年度立项建设职业教育示范特色专业及实训基地项目共177个，其中高等职业教育54个、中等职业教育123个。2018年自治区教育厅统筹安排资金3.35亿元面向自治区重点产业发展领域，建设48个职业教育示范特色专业及实训基地，其中高职19个。组织专家全面指导各校编制并落实建设方案，提升专业整体建设水平，体现办学特色。2019—2020年度立项建设70个左右中等职业教育示范特色专业及实训基地，每个项目给予经费支持500万元。

第4章 实证研究

4.1 专业结构与产业结构、就业结构的关系分析

4.1.1 专业结构与产业结构的内在联系

产业结构是指各种生产要素在各产业部门间的比例构成及其相互关系，是一个国家或地区的生产要素在国民经济各部门的配置状况及制约方式，反映了各个产业在国民经济整体中的分布状况及产业之间的内在联系，通常用各产业部门产值占国民生产总值的比例来表示，即第一产业、第二产业、第三产业之间的构成以及比例关系。专业结构是指专业的各要素之间的关系，包括专业数量、规模、布局等，高职教育专业结构一般分为专业大类、专业类、专业三个等级，其中，专业大类对应的是产业，专业类对应的是行业，专业一般对应职业岗位群或技术领域。从类型特征分析，一个区域的职业教育与产业发展之间天然地具有内在联系，实现职业教育与区域产业发展的对接，也成为职业院校办学特色的重要标志。而职业教育与产业的对接常常转化为区域产业结构与职业院校专业结构之间的协调性或适应性。从教育与经济的关系分析，产业

结构决定专业结构，同时也决定就业结构，因为人才是联系产业结构与专业结构的纽带。专业结构和就业结构对于产业结构也具有反作用力，产业结构的变化取决于人才结构的变化，而人才结构的变化只能通过调整学校的专业结构来实现。因此，职业教育作为一种直接面向市场、服务产业、促进就业的教育类型，为地方支柱产业、新兴产业、现代服务业等培养和输送应用型专门人才，是其生存和发展的重要使命。

4.1.2 专业结构与产业对接的外部关系

根据《国民经济行业分类》（GB/T 4754—2002），我国产业划分为三类：第一产业，是指农、林、牧、渔业；第二产业，是指采矿业，制造业，电力、燃气及水的生产和供应业，建筑业；第三产业，是指除第一、二产业以外的其他行业，包括交通运输、仓储和邮政业，信息传输、计算机服务和软件业，批发和零售业，住宿和餐饮业，金融业，房地产业，租赁和商务服务业，科学研究、技术服务和地质勘察业，水利、环境和公共设施管理业，居民服务和其他服务业，教育，卫生、社会保障和社会福利业，文化、体育和娱乐业，公共管理和社会组织，国际组织。

依据我国产业划分，今后一个时期我国社会经济发展、经济发展方式转变和产业结构调整，技能型人才成长的规律，以及我国中等职业学校培养技能型人才的可行性、有效性和经济性，职业院校专业目录设置了19个专业大类。农林牧渔大类对应第一产业；资源环境与安全大类、能源动力与材料大类、土木建筑大类、水利大类、装备制造大类、生物与化工大类、轻工纺织大类、食品药品与粮食大类对应第二产业；交通运输大类、电子信息大类、医药卫生大类、财经商贸大类、旅游大类、文化艺术大类、新闻传播大类、教育与体育大类、公安与司法大类、公共管理与服务大类对应第三产业。

4.1.3 专业与职业（岗位）对接

随着我国各大产业的快速发展和科学技术水平的提高，新职业不断出现。我国 1999 年出版的《中华人民共和国职业分类大典》明确了 1 838 个职业，到 2009 年人力资源和社会保障部又先后公布了 12 批共计 122 种新职业。按照我国目前存在的职业，《中等职业学校专业目录（2010 年修订）》对应设置了 321 个专业。比如为服务我国发展现代农业，按照设施农艺、设施蔬菜园艺、设施花卉园艺、菌类园艺等多个职业，设置设施农业技术专业，形成专业与职业对接。

本研究以广西壮族自治区为例，对广西职业教育专业结构对产业结构的适应性进行数理统计分析基础上的实证研究，并依据统计分析结果对广西职业院校专业结构调整和机制改革试图给出有价值的结论和建议。

4.2 研究内容与方法

4.2.1 研究内容

1. 广西中高职教育专业结构与产业结构、就业结构的相关性分析

专业结构与产业结构之间存在密切关系，专业大类招生比率的变化在某种程度上是产业结构调整的具体化。因此，本研究采用 2011 年至 2017 年广西中高职 19 个专业大类的招生比率反映专业结构变化，利用第一产业、第二产业、第三产业分别在生产总值中的比率来反映广西产业结构的变化，利用就业人口分布于第一、二、三产业占总就业人口的比例反映广西就业人口的变化。利用 SPSS 软件工具对专业招生数据、产业结构数据和就业结构数据之间的内在关系在统计学意义上进行相关分析，来回答广西产业结构和专业结构之间的适应性程度。

2. 广西中高职专业结构与产业结构、就业结构的偏离度分析

偏离度是指实践数据与目标数据相差的绝对值所占目标数据的比重。本研究分别采用广西产业结构与就业结构、广西产业结构与专业结构之间的偏离度来反映产业结构与专业结构之间的适应性情况。

产业－就业偏离度（C－J）计算公式如下：

$$C-J结构性偏离度 = \frac{产业产值比率}{就业比率} - 1$$

产业－专业偏离度（C－Z）计算公式如下：

$$C-Z结构性偏离度 = \frac{产业产值比率}{专业招生比率} - 1$$

当 C－J 结构性偏离度等于 0 时，表明产业结构与就业结构的关系处于完全均衡状态；当 C－J 结构性偏离度大于 0 时，表明产业产值增加比率高于就业人口增加比率；当 C－J 结构性偏离度小于 0 时，表明产业产值增加比率低于就业人口增加比率。C－Z 结构性偏离度数值分析同上。偏离度的数值越大，表明结构越失衡；偏离度的数值越小，表明结构越均衡。

3. 广西中高职教育经费投入与广西经济增长之间的因果关系

使用 Eviews 软件，从统计学意义上分析广西中高职教育经费投入与广西经济增长之间是否存在格兰杰因果关系，即广西经济增长是不是广西中高职教育经费投入增长的原因，或者广西中高职教育经费投入增长是不是广西经济增长的原因。

4.2.2 分析指标

本研究所选取的统计指标有：广西中高职院校专业大类招生比率；广西第一产业、第二产业、第三产业产值比率；广西第一产业、第二产业、第三产业的就业人口分别占广西就业人口的比率。以上数据作为本研究的基础数据。操作性定义包括：

一产产值比率：第一产业产值占广西生产总值的比率；

二产产值比率：第二产业产值占广西生产总值的比率；

三产产值比率：第三产业产值占广西生产总值的比率；

一产就业比率：第一产业就业人口占广西就业人口的比率；

二产就业比率：第二产业就业人口占广西就业人口的比率；

三产就业比率：第三产业就业人口占广西就业人口的比率；

工业产值比率：工业产值占广西生产总值的比率；

建筑业产值比率：建筑业产值占广西生产总值的比率；

交通运输业产值比率：交通运输业产值占广西生产总值的比率；

批发零售和餐饮业产值比率：批发零售和餐饮业产值占广西生产总值的比率；

第一产业对应的专业大类招生比率：第一产业对应的专业大类当年的招生人数占招生总人数的比率，简称一产招生比率；

第二产业对应的专业大类招生比率：第二产业对应的专业大类当年的招生人数占招生总人数的比率，简称二产招生比率；

第三产业对应的专业大类招生比率：第三产业对应的专业大类当年的招生人数占招生总人数的比率，简称三产招生比率；

制造大类招生比率：制造大类当年招生人数占招生总人数的比率；

交通运输大类招生比率：交通运输大类当年招生人数占招生总人数的比率，简称交通大类招生比率；

电子信息大类招生比率：电子信息大类当年招生人数占招生总人数的比率；

财经商贸大类招生比率：财经商贸大类当年招生人数占招生总人数的比率；

医药卫生大类招生比率：医药卫生大类当年招生人数占招生总人数的比率；

旅游大类招生比率：旅游大类当年招生人数占招生总人数的比率。

4.2.3 数据来源与分析方法

1. 数据来源

本研究基础数据来源于广西统计年鉴和广西统计局、广西教育厅、八桂职业教育等官方网站公布的数据，主要参考了《广西统计年鉴

2017》《中国职业教育经费统计年鉴 2017》等。

2. 分析方法

（1）相关系数是用来评估两个变量之间的关联或关系的统计指标。本研究使用 SPSS 统计软件的 Spearman 的 Rho（r）即斯皮尔曼秩序相关对广西中高职专业招生数据、产业结构数据和就业结构数据做相关性检验，来分析专业结构与产业结构、就业结构的相关程度。

（2）偏离度是指实践数据与目标数据相差的绝对值所占目标数据的比重。本研究运用偏离度公式分别计算产业结构与专业结构、产业结构与就业结构的偏离度数值，来分析产业结构与专业结构、就业结构的均衡状况。

（3）格兰杰因果关系是经济学家格兰杰从预测的角度对因果关系给出的定义，即在时间序列情形下，变量 X、Y 之间的格兰杰因果关系可定义为：若在包含变量 X、Y 的过去信息的条件下，对变量 Y 的预测效果要优于只单独由 Y 的过去信息对 Y 进行的预测效果，即变量 X 有助于解释变量 Y 的将来变化，则认为变量 X 是引致变量 Y 的格兰杰原因。关于广西中高职教育经费投入与广西经济增长之间的因果关系分析，本研究使用 Eviews 软件，从统计学意义上分析广西中高职教育经费投入与经济增长之间是否存在格兰杰因果关系。

4.3　广西产业结构现状分析

4.3.1　广西产业结构变化趋势

1. 广西发展概述

广西壮族自治区南濒北部湾，与越南接壤。广西土地总面积 23.76 万平方公里，在全国各省、自治区、直辖市中排第九位，是全国少数民族最多的居住区。广西是中国与东盟之间唯一既有陆地接壤又有海上通道的省区，是华南通向西南的枢纽，是全国唯一具有沿海、沿江、沿边优势的少数民族地区，拥有国家一类口岸17个、二类口岸8个。西江"黄金水道"横贯广西境内，直通广东、香港、澳门。广西地处中国大陆东、中、西三个地带的交汇点，是华南经济圈、西南经济圈与东盟经济圈的接合部，是中国通往东盟最便捷的国际大通道，是西南地区乃至西北地区最便捷的出海口和对外开放的窗口，是连接中国与东盟市场的重要枢纽。随着中国－东盟自由贸易区2010年全面建成，泛北部湾经济合作的兴起和广西北部湾经济区开发开放上升为国家战略，广西的区位优势和战略作用更为突出。广西岸线资源和海洋资源丰富，防城港、钦州港、北海港三个沿海港口具有年吞吐能力数亿吨的资源。此外，广西还拥有丰富的旅游资源、良好的生态环境，同时享有少数民族区域自治政策、西部大开发政策、沿海地区开放政策和边境贸易政策。2015年两会期间，习近平总书记在参加广西代表团审议时，明确赋予广西发展"三大定位"——构建面向东盟的国际大通道、打造西南中南地区开放发展新的战略支点，形成21世纪海上丝绸之路和丝绸之路经济带有机衔接的重要门户。

2. 广西产业结构现状分析

改革开放以来，广西经济得到了快速发展。2001—2018年广西生产总值年均增长率为10.9%，其经济增长的重要动力主要来源于产业结构的不断升级，第一产业比重逐渐降低，第二产业、第三产业比重不断上升。广西经济以制造业为主，工业经济的增长主要依赖于黑色金属冶炼及压延加工业、农副食品加工业、汽车制造业和非金属矿物制品业四大产业。

2018年广西产业结构为14.8%∶39.7%∶45.5%，三次产业对经济增长的贡献率分别为13.1%、25.4%和61.5%，其中，工业对经济增长的贡献率为21.5%，并且从2010年以来一直处于下降趋势。从工业增加值增长率看，规模以上工业增长率最高的是计算机通信和其他电子设备制造业（21.7%），增长率最低的是汽车制造业（－6.8%）。规模以上工业企业利润比2017年增长1.9%，其中，电力、热力、燃气及水生产和供应业增长29.3%，制造业增长0.1%。第三产业对广西经济增长的贡献率是最大的,其中,高技术制造业增加值比 2017 年增长 11.6%。与全国水平相比,广西第一产业比重比全国高 7.6 个百分点,第二产业比重低 1 个百分点,第三产业比重低 6.7 的百分点(2018 年全国产业结构为 7.2∶40.7∶52.2),2018 年广西城镇化率为 50.22%。如图 4-1 所示。

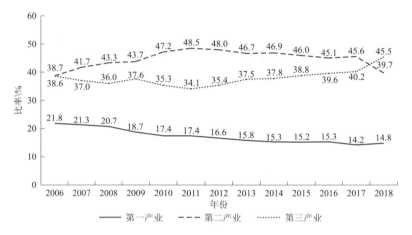

图 4-1　2006—2018 年广西三次产业比率变化趋势

注:本图根据"广西统计信息网"官方网站公布的 2006—2018 年广西三次产业产值数据绘制。

3. 产业结构"十三五"发展目标

广西"十三五"规划纲要提出,"十三五"发展目标是促进转型升级,构建竞争力强的现代产业体系。一是改造提升传统优势工业。加大食品、汽车、机械、有色金属等传统产业技术改造力度,加快产品升级换代,延伸产业链,形成产业集群,提高产业集中度。实施"互联网+工业"行动,加快移动互联网、云计算、大数据、物联网等新一代信息技术与传统工业深度融合,推行全生命周期管理,提升企业研发、生产、管理和服务的智能化水平。加快制造业与服务业融合发展,放宽企业开展服务业和涉足生产性领域的准入门槛,发展全产业链,推动商业模式和业态创新,促进生产型制造向服务型制造转变。二是深入落实《中国制造 2025》,推动广西制造向广西智造、广西创造迈进。大力发展轨道交通装备、海洋工程装备及高技术船舶等先进制造业，培育发展专利密集型产业。壮大先进制造业规模，提高产业集聚度，打造先进制造业集群。三是优化工业布局。依托北部湾经济区重点行业龙头企业，加快延伸产业链，增强配套能力，培育形成临港产业集群，打造具有区域影响力的沿海石化、能源、汽车、电子信息、修造船、装备制造、林纸一体化等先进制造业基地。依托西江黄金水道和沿江重点城市，引导汽车、机械、冶金、食品、化工、建材、再生资源等产业和新兴产业沿江布局发展，增强西江经济带工业集聚发展能力，打造制糖、汽车、机械、冶金、建材等产业基地。依托丰富的资源优势，引导有色金属、化工、建材、制糖、茧丝绸、能源等资源性产业延伸产业链，提高资源精深加工水平和资源就地转化率，增强桂西地区资源精深加工能力，打造有色金属、制糖、能源、茧丝绸等工业基地。四是培育壮大新兴产业。重点发展新一代信息技术、北斗导航、智能装备制造、节能环保、新材料、新能源汽车、新能源、生物医药、大健康等新兴产业，在人工智能、高效储能、生命科学等前沿领域培育新兴产业，加快形成若干新兴产业集群，力争新兴产业增加值占地区生产总值的比重达到15%以上。五是提升发展现代服务业。第一，大力发展现代物流、信息服务、金融服务、电子商务、商务会展、科技服务、人力资源服务、节能环保服务、海洋服务等生产性服务业，引导工业企业分离和外包服务功能，创新商业模式和服务业态，促进生产性服务业与制造业、现代农业有机融合，向专业化价值链高端延伸，提升生产性服务业水平和比重。第二，升级发展生活性服务业。以适应城乡居民消费升级为导向，大力发展旅游休闲、商贸流通、健康养生、家政服务、文化体育、教育培训、房地产等生活性服务业，推进生活性服务业向精细化和高品质发展，提升服务质量和档次，促进规模化、品牌化、网络化经营，满足居民日益增长的多样化、个性化消费需求。六是构建区域性国际物流中心。依托互联互通综合交通运输体系，构建连接海上丝绸之路、丝绸之路经济带、粤港澳、西南中南和华东地区的出海出边出省物流通道，完善物流节点城市、物流枢纽、物流园区等布局，打造面向东盟、辐射西南中南、服务"一带一路"的区域性国际物流中心。七是打造旅游强区，大力发展特色旅游业，建设桂林国际旅游胜地、北部湾国际旅游度假区、巴马长寿养生国际旅游区三大国际旅游目的地，打造南北、西江、边关风情三条旅游发展带，建设南宁、桂林、北海、梧州四个旅游集散地，培育高铁旅游带、环北部湾旅游圈、海上丝绸之路旅游带、桂湘黔粤旅游圈。

4.3.2 广西人才供求结构现状分析

从就业结构看，2018年广西全社会从业人员构成为49.3∶17.3∶33.4。与全国水平相比，广西第一产业就业人口比重比全国高23.2个百分点，第二产业就业人口比重比全国低10.3个百分点，第三产业比重低12.9个百分点（2018年全国产业结构为26.1∶27.6∶46.3）。

根据《2018年广西人才网联系统人才供求分析报告》，2018年广西人才供求比仅为0.40，人才需求总体大幅增长，人才供给总量却增长乏力，人才缺口为636 156人。在产业分布中，第三产业是用人单位人才需求的主要来源，需求占比为74.10%，第二产业次之，为24.63%，第三产业为1.27%。在行业分布中，用人单位主要集中在制造业、建筑业、信息传输/计算机服务和软件业、房地产业、租赁和商务服务业及金融业六个行业中，合计需求人数占比达到82.89%。其中，信息传输/计算机服务和软件业人才需求量涨幅达69.13%，人才缺口达到214 812人；制造业人才需求量涨幅高达87.82%，人才缺口达到109 543人。在54个主要职位类别中，供求比最高为5.23，最低仅为0.13，有27个职位类别的人才供求比大于1，27个职位类别存在人才缺口。人才供求比排名前10位职位类别合计人才供求比为2.11，人才供求比后10位职位类别合计人才供求比仅为0.20，结构性矛盾突出。其中，技工类人才供求比仅为0.44。如图4-2所示。

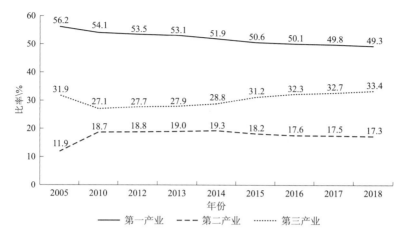

图 4-2 2005—2018 年广西三次产业内部的就业比率变化趋势

注：本图根据"广西统计信息网"官方网站公布的 2005—2018 年广西三次产业内部就业数据绘制。

4.4 广西职业院校专业结构分析

4.4.1 广西高职院校专业结构分析

1. 办学规模

2019 年，广西独立设置的高等职业院校共 38 所（公办高职院校 26 所、民办高职院校 12 所），占广西 80 所高校的 47.5%。其中，国家示范性高职院校 2 所、国家骨干高职院校 3 所、自治区示范性高职院校 14 所（包含国家示范性高职院校 2 所、骨干高职院校 3 所在内），占全区高职院校的 36.8%（14/38）。2018 年广西高职在校生为 45 万人，高职院校校均规模从 8 300 人提高到 9 370 人。其中，高中起点在校生数 35.3 万人，占在校生总数的 78.4%，中职起点在校生数 7.96 万人，占在校生总数的 17.7%，其他 1.8 万人，占在校生总数的 4%。

2. 布局结构

从区域布局来看，38 所数据有效的高职院校分布在 9 个设区市。其中首府南宁市 20 所，柳州市 4 所，百色市、桂林市和崇左市各 3 所，梧州市、北海市、钦州市、河池市、来宾市各 1 所。

从学校类型分布来看，全区共有 9 种类型的高职院校，其中，综合类高职院校 11 所、理工类高职院校 13 所、财经类高职院校 5 所、师范类高职院校 2 所、农业类高职院校 2 所、体育类高职院校 1 所、林业类高职院校 1 所、医药类高职院校 2 所、艺术类高职院校 1 所（表 4-1）。

表 4-1 2019 年广西高职院校一览表

序号	学校名称	学校类型	办学层次
1	桂林生命与健康职业技术学院	医药院校	高等职业学校
2	广西机电职业技术学院	理工院校	高等职业学校
3	南宁职业技术学院	综合大学	高等职业学校
4	广西水利电力职业技术学院	理工院校	高等职业学校
5	广西职业技术学院	农业院校	高等职业学校
6	柳州职业技术学院	综合大学	高等职业学校
7	广西生态工程职业技术学院	林业院校	高等职业学校
8	广西交通职业技术学院	理工院校	高等职业学校
9	广西工业职业技术学院	理工院校	高等职业学校
10	广西国际商务职业技术学院	财经院校	高等职业学校
11	广西农业职业技术学院	农业院校	高等职业学校
12	柳州铁道职业技术学院	理工院校	高等职业学校
13	广西建设职业技术学院	理工院校	高等职业学校
14	广西现代职业技术学院	综合大学	高等职业学校
15	北海职业学院	综合大学	高等职业学校
16	桂林山水职业学院	综合大学	高等职业学校
17	广西经贸职业技术学院	财经院校	高等职业学校
18	广西工商职业技术学院	财经院校	高等职业学校

续表

序号	学校名称	学校类型	办学层次
19	广西演艺职业学院	艺术院校	高等职业学校
20	广西电力职业技术学院	理工院校	高等职业学校
21	广西城市职业学院	综合大学	高等职业学校
22	广西英华国际职业学院	综合大学	高等职业学校
23	柳州城市职业学院	综合大学	高等职业学校
24	百色职业学院	理工院校	高等职业学校
25	广西工程职业学院	理工院校	高等职业学校
26	广西理工职业技术学院	理工院校	高等职业学校
27	梧州职业学院	综合大学	高等职业学校
28	广西经济职业学院	财经院校	高等职业学校
29	广西科技职业学院	理工院校	高等职业学校
30	广西卫生职业技术学院	医药院校	高等职业学校
31	广西培贤国际职业学院	综合大学	高等职业学校
32	广西金融职业技术学院	财经院校	高等职业学校
33	玉柴职业技术学院	综合大学	高等职业学校
34	广西蓝天航空职业学院	理工院校	高等职业学校
35	广西安全工程职业技术学院	理工院校	高等职业学校
36	广西体育高等专科学校	体育院校	高等专科学校
37	桂林师范高等专科学校	师范院校	高等专科学校
38	广西幼儿师范高等专科学校	师范院校	高等专科学校

注：数据来源于"广西壮族自治区教育厅"官方网站。

从专业布局来看，广西64所高等学校共开设有高等职业教育专业39个，专业布点数为2 358个，覆盖一、二、三产业。涵盖高职专业目录的19个专业大类，分布在全区14个设区市。

3. 专业结构

为对接国家"一带一路"建设、广西"国际大通道、战略支点、重要门户"三大定位、广西北部湾经济区和珠江—西江经济带开放开发以及左右江革命老区振兴战略等，以及广西重点发展的食品工业、修造船及海洋工程装备工业、生物农业产业、养生长寿健康产业等"14＋10"产业，广西高职教育不断调整优化专业结构。截至2019年1月，广西高职专业设置覆盖了三大产业对应的19个专业大类，专业总数为334个，专业布点数为1 440个。其中，第一产业对应的专业大类有1类，设置专业数是20个，专业布点数是27个，开设这些专业的学校有8所；第二产业对应的专业大类有8类，设置专业数是134个，专业布点数是499个；第三产业对应的专业大类有10类，设置专业数是210个，专业布点数是914个。具体数据分布详见表4-2。专业布点数排名前十的专业中，第二产业对应的专业有5个，第三产业对应的专业有7个。具体数据分布详见表4-3。

表4-2　2019年广西高职产业-专业统计表

产业	专业大类	专业数	专业布点数	学校数
第一产业	农林牧渔大类	20	27	8
第二产业	资源环境与安全大类	12	31	18
	能源动力与材料大类	17	31	11
	土木建筑大类	27	190	33
	水利大类	6	7	2
	装备制造大类	26	188	28
	生物与化工大类	5	9	6
	食品药品与粮食大类	15	33	12
	轻工纺织大类	6	10	9
	合计	134	499	
第三产业	交通运输大类	41	120	30
	电子信息大类	24	176	33
	医药卫生大类	19	30	13
	财经商贸大类	35	282	37

续表

产业	专业大类	专业数	专业布点数	学校数
第三产业	旅游大类	9	60	29
	文化艺术大类	18	90	30
	新闻传播大类	8	16	11
	教育与体育大类	39	95	26
	公安与司法大类	8	17	4
	公共管理与服务大类	9	28	20
	合计	210	914	
合计		364	1440	

注：数据根据"广西统计年鉴2006—2017年""广西壮族自治区教育厅""八桂职教网"等官方网站和广西教育厅印发的教育文件公布的相关数据统计而成。

表4-3　2019年广西高职热门专业排序列表

排序	专业名称	专业布点数	排序	专业名称	专业布点数
1	会计	34	7	建筑工程技术	23
2	市场营销	31	7	汽车检测与维修技术	23
2	电子商务	31	8	计算机网络技术	22
3	工程造价	28	9	酒店管理	21
4	建筑经济管理	27	10	财务管理	19
5	物流管理	26	10	旅游管理	19
6	机电一体化技术	24			

注：数据根据"广西统计年鉴2006—2017年""广西壮族自治区教育厅""八桂职教网"等官方网站和广西教育厅印发的教育文件公布的相关数据统计而成。

4.4.2　广西中职学校专业结构分析

1. 办学规模

2018年全区共有各类中职学校333所，按照归口管理划分，归口教育部门管理中职学校283所，归口人力资源和社会保障部门管理的技工学校50所。按行政隶属划分，自治区厅局和行业主管的中职学校67

所，市属中职学校175所，县级中职学校91所。按照学校性质划分，公办中职学校247所，民办中职学校86所。国家改革发展示范性中职学校32所，自治区级示范性中职学校100所，优质率达39%以上。

2018年，全区中等职业学校全日制在校生规模60.9万人，全区具有中等学历职业教育招生资格学校284所（技工学校43所），共招生30.16万人（技工学校4.6万人），完成招生计划的109.7%。其中全日制23.6万人（技工学校4.6万人），完成招生计划21.5万人的109.8%；非全日制6.56万人，完成招生计划6万人的109.3%。2018年，普通高中招生36.74万人，中职招生23.60万人，普职招生比为1.56∶1（中职招生数以全日制计）。

2018年毕业生直接就业人数80 794人。从事第一产业5 187人，占全部就业人数的6.42%；从事第二产业23 388人，占28.95%；从事第三产业52 219人，占64.63%。与2017年相比，从事第二产业的比例有所上升，从事第一、三产业的人数基本持平，比例有所下降。

就业去向分为本地、异地和境外。2018年，在本地就业的毕业生有46 070人，占全部就业人数的57.02%；到异地就业34 557人，占42.77%；到境外就业167人，占0.21%。与前两年相比，本地就业比例高于2016年、低于2017年，异地就业比例有所上升，境外就业比例低于2016年、高于2017年。2018年，在城区就业的毕业生有60 073人，占全部就业人数的74.35%；在镇区就业17 320人，占21.44%；在乡村就业3 401人，占4.21%。与2017年相比，城区就业比例有所上升，镇区和乡村就业比例均有所下降。

2. 专业建设

以自治区人民政府办公厅名义印发的《关于中等职业学校布局调整和专业结构优化的指导意见》（桂政办发〔2017〕145号），组织中职学校开展专业调整优化工作。对接自治区重点发展的千亿元产业、战略新兴产业，引导学校自主开设专业。2018年，自治区中等职业学校（不含技工学校）共开设包含全部18个专业类别的214个专业、2 107个专业点。其中开设专业点数最多的分别为计算机应用（153个专业点)、汽车运用与维修(121个专业点)、电子商务(99个专业点)、电子电器运用与维修(90个专业点)、学前教育(84个专业点)、会计(84个专业点),近年来开设比较热门的专业为高铁乘务、工业机器人技术等新兴专业。各地市和学校能根据产业发展和人才需求,不断调整专业布局,优化专业设置,逐渐淘汰办学质量不高、就业质量不高的专业,2018年新增中职119个专业点,撤销29个专业点。目前自治区中等职业学校开设的专业基本能够与自治区重点产业与特色产业有效对接,服务好自治区经济社会发展,着力为产业技术与转型升级提供人才支持。

2018年,统筹安排资金3.35亿元面向自治区重点产业、特色产业、新兴产业建设48个(其中中职29个)职业教育示范特色专业及实训基地。完成2014—2015年共计241个示范特色专业及实训基地项目的验收。示范特色专业及实训基地项目建设极大改善了职业院校办学条件,提升了实训装备水平,发挥了示范引领作用,达到了预期建设目标。此外,开展第一批、第二批专业发展基地建设工作,遴选30个中等职业教育专业发展研究基地进行建设,改进专业发展研究示范机制,提升专业建设与产业发展的匹配度。

在质量保证方面,一是继续推进中等职业学校内部质量保证体系诊断与改进工作。组建广西诊改专家库,遴选了114位诊改专家。二是出台《广西壮族自治区中等职业学校星级认定办法》,启动实施广西中职学校星级认定工作,完成第一批8所五星级学校、21所四星级学校、3所三星级学校的认定。

4.5 广西高职院校专业结构与产业结构适应性分析

4.5.1 广西高职院校专业结构与产业结构相关性分析

1. 研究假设

基于专业大类招生比率与对应产业产值比率做相关性分析,提出以下假设。

（1）H_0：高职专业招生比率与对应产业产值比率存在相关性，VS H_1：高职专业招生比率与对应产业产值比率不存在相关性。

（2）H_0：高职专业招生比率与对应产业就业人口比率存在相关性，VS H_1：高职专业招生比率与对应产业就业人口比率不存在相关性。

本研究基础数据根据国家统计局、教育部、广西统计局和广西教育厅等官方网站公布的数据，在参考《中国统计年鉴2012—2018》《广西统计年鉴2012—2018》基础上统计而成。2011—2017年广西高职专业招生比率与产业产值比率、就业比率数据见表4-4。

表4-4　2011—2017年广西高职专业招生比率与产业产值比率、就业比率数据

年份	一产产值比率	农林牧渔大类招生比率	二产产值比率	二产招生比率	工业产值比率	制造大类招生比率	建筑业产值比率	土建大类招生比率	三产产值比率	三产招生比率
2011	0.174	0.018	0.485	0.323	0.415	0.128	0.007	0.144	0.341	0.658
2012	0.166	0.019	0.48	0.322	0.406	0.124	0.074	0.152	0.354	0.653
2013	0.158	0.02	0.467	0.325	0.389	0.12	0.078	0.155	0.375	0.655
2014	0.153	0.015	0.469	0.323	0.389	0.117	0.08	0.162	0.378	0.661
2015	0.152	0.016	0.46	0.315	0.38	0.121	0.081	0.151	0.388	0.668
2016	0.153	0.02	0.451	0.307	0.372	0.11	0.08	0.154	0.396	0.672
2017	0.142	0.021	0.456	0.306	0.376	0.14	0.08	0.147	0.402	0.673
平均	0.157	0.018	0.469	0.317	0.39	0.123	0.069	0.152	0.376	0.663

年份	交通运输、仓储及邮政业产值比率	交通运输大类招生比率	电子信息大类招生比率	财经商贸大类招生比率	医药卫生大类招生比率	旅游大类招生比率	批发零售和住宿餐饮业产值比率	一产就业比率	二产就业比率	三产就业比率
2011	0.05	0.051	0.079	0.242	0.096	0.033	0.094	0.533	0.191	0.276

续表

年份	交通运输、仓储及邮政业产值比率	交通运输大类招生比率	电子信息大类招生比率	财经商贸大类招生比率	医药卫生大类招生比率	旅游大类招生比率	批发零售和住宿餐饮业产值比率	一产就业比率	二产就业比率	三产就业比率
2012	0.048	0.051	0.083	0.248	0.088	0.037	0.103	0.535	0.188	0.277
2013	0.047	0.053	0.081	0.238	0.087	0.036	0.099	0.531	0.19	0.279
2014	0.047	0.046	0.079	0.239	0.088	0.033	0.094	0.519	0.193	0.288
2015	0.048	0.05	0.081	0.238	0.084	0.037	0.089	0.506	0.182	0.321
2016	0.047	0.07	0.114	0.298	0.114	0.046	0.088	0.501	0.176	0.323
2017	0.046	0.078	0.134	0.278	0.115	0.048	0.086	0.498	0.175	0.327
平均	0.048	0.058	0.093	0.254	0.096	0.039	0.093	0.518	0.185	0.299

注：数据根据"广西统计年鉴2006—2017年"公布的相关数据统计而成。

2. 三次产业产值比率、就业比率与招生比率之间的相关性

运用 Spearman 的 Rho（r）即斯皮尔曼秩相关对三次产业的招生比率、产业产值和就业比率三个指标之间的相关性进行检验，表4-5 为输出结果。

观察表4-5得知：

1）第一产业专业大类招生比率、产业产值比率和就业比率之间的相关性检验结果

观察表4-5数据可得出：一产招生比率与一产产值比率、就业比率之间的相关系数 $P>0.05$，均不存在相关性；一产产值比率与一产就业比率相关具有统计显著性，结果是相关系数即 $r(7)=0.849$，具有高度正相关，说明随着一产产值比率增长，一产就业比率也不断增长，反之也一样。一产产值比率与二产产值比率相关系数为0.875，一产就业比率与二产产值比率相关系数为0.903，呈高度正相关，说明第一、第二产业之间是互相促进发展的关系。

表4-5 高职教育专业大类招生比率与三次产业产值比率、就业比率之间相关系数

		一产招生比率	二产招生比率	三产招生比率	一产产值比率	二产产值比率	三产产值比率	一产就业比率	二产就业比率	三产就业比率
一产招生比率	皮尔森相关	1	-0.461	0.169	-0.048	-0.226	0.150	-0.121	-0.558	0.185
	显著性(双向)		0.298	0.717	0.919	0.626	0.749	0.796	0.193	0.692
	N	7	7	7	7	7	7	7	7	7
二产招生比率	皮尔森相关	-0.461	1	-0.933**	0.690	0.805*	-0.777*	0.916**	0.976**	-0.934**
	显著性(双向)	0.298		0.002	0.086	0.029	0.040	0.004	0.000	0.002
	N	7	7	7	7	7	7	7	7	7
三产招生比率	皮尔森相关	0.169	-0.933**	1	-0.757*	-0.846*	0.831*	-0.983**	-0.868*	0.967**
	显著性(双向)	0.717	0.002		0.049	0.016	0.020	0.000	0.011	0.000
	N	7	7	7	7	7	7	7	7	7
一产产值比率	皮尔森相关	-0.048	0.690	-0.757*	1	0.875**	-0.962**	0.849*	0.659	-0.802*
	显著性(双向)	0.919	0.086	0.049		0.010	0.001	0.016	0.108	0.030
	N	7	7	7	7	7	7	7	7	7
二产产值比率	皮尔森相关	-0.226	0.805*	-0.846*	0.875**	1	-0.973**	0.903**	0.801*	-0.888**
	显著性(双向)	0.626	0.029	0.016	0.010		0.000	0.005	0.030	0.008
	N	7	7	7	7	7	7	7	7	7

续表

		一产招生比率	二产招生比率	三产招生比率	一产产值比率	二产产值比率	三产产值比率	一产就业比率	二产就业比率	三产就业比率
三产产值比率	皮尔森相关	0.150	−0.777*	0.831*	−0.962**	−0.973**	1	−0.907**	−0.760*	0.877**
	显著性（双向）	0.749	0.040	0.020	0.001	0.000		0.005	0.047	0.010
	N	7	7	7	7	7	7	7	7	7
一产就业比率	皮尔森相关	−0.121	0.916**	−0.983**	0.849*	0.903**	−0.907**	1	0.860*	−0.982**
	显著性（双向）	0.796	0.004	0.000	0.016	0.005	0.005		0.013	0.000
	N	7	7	7	7	7	7	7	7	7
二产就业比率	皮尔森相关	−0.558	0.976**	−0.868*	0.659	0.801*	−0.760*	0.860*	1	−0.912**
	显著性（双向）	0.193	0.000	0.011	0.108	0.030	0.047	0.013		0.004
	N	7	7	7	7	7	7	7	7	7
三产就业比率	皮尔森相关	0.185	−0.934**	0.967**	−0.802*	−0.888*	0.877**	−0.982**	−0.912**	1
	显著性（双向）	0.692	0.002	0.000	0.030	0.008	0.010	0.000	0.004	
	N	7	7	7	7	7	7	7	7	7

注：** 表示相关性在 0.01 水平上显著（双向）；
* 表示相关性在 0.05 水平上显著（双向）。
相关系数绝对值在 0.8～1.0 之间为高度相关，0.5～0.8 之间为中度相关，0.3～0.5 之间为低度相关，0.3 以下为弱相关。

2）第二产业专业大类招生比率、产业产值比率和就业比率之间的相关性检验结果

二产招生比率与二产产值比率、二产就业比率之间相关系数分别是0.805、0.976，呈高等程度正相关，说明第二产业对应的专业结构与其产业结构、就业结构之间是基本适应的。二产招生比率与三产招生比率、产值比率和就业比率的相关系数分别是 -0.933、-0.777、-0.934，呈中高程度负相关，说明第二产业专业结构与第三产业发展之间是不太适应的。二产产值比率与二产就业比率相关系数为0.801，呈高等程度正相关，说明第二产业结构与就业结构之间是基本适应的；二产产值比率与一产就业比率相关系数为0.903，呈高等程度正相关，说明第二产业发展促进了第一产业就业率增长。

3）第三产业专业大类招生比率、产业产值比率和就业比率之间的相关性检验结果

三产招生比率与三产产值比率、三产就业比率之间的相关系数分别是0.831、0.967，呈高等程度正相关，说明第三专业结构结构、产业结构与就业结构之间是高度适应的；三产招生比率与二产产值比率、二产就业比率之间相关系数分别是 -0.846、-0.868，呈高等程度负相关；三产招生比率与一产产值比率、一产就业比率之间相关系数分别是 -0.757、-0.983，呈中高等程度负相关；三产就业比率与一产就业比率相关系数为 -0.982，与一产产值比率为 -0.802，均呈高度负相关，说明第三产业对生产总值的贡献率大大超过第一产业，第三产业的发展对于转移第一产业剩余劳动力和加速城镇化起到关键作用。

3. 重点产业对应的专业招生比率与产业产值比率、就业比率之间的相关性

第二产业对应的专业大类中，招生比率最高的是制造业大类和土木建筑大类；第三产业对应的专业大类中，招生比率最高的是电子信息大类、财经商贸大类、医药卫生大类、旅游大类和交通运输大类。运用Spearman 的 Rho（r）即斯皮尔曼秩相关对以上重点产业对应的专业大类的招生比率、产业产值比率和就业比率三个指标之间的相关性进行检验，表4-6～表4-12为输出结果。

表4-6 高职制造大类招生比率与三次产业产值比率、就业比率之间相关系数

		制造大类招生比率	一产产值比率	二产产值比率	三产产值比率	一产就业比率	二产就业比率	三产就业比率	工业产值比率
制造大类招生比率	皮尔森相关	1	-0.132	0.179	-0.038	-0.054	-0.185	0.081	0.185
	显著性（双向）		0.777	0.700	0.935	0.909	0.691	0.863	0.691
	N	7	7	7	7	7	7	7	7
一产产值比率	皮尔森相关	-0.132	1	0.875*	-0.962**	0.849*	0.659	-0.802*	0.913*
	显著性（双向）	0.777		0.010	0.001	0.016	0.108	0.030	0.004
	N	7	7	7	7	7	7	7	7
二产产值比率	皮尔森相关	0.179	0.875*	1	-0.973**	0.903**	0.801*	-0.888**	0.992**
	显著性（双向）	0.700	0.010		0.000	0.005	0.030	0.008	0.000
	N	7	7	7	7	7	7	7	7
三产产值比率	皮尔森相关	-0.038	-0.962**	-0.973**	1	-0.907**	-0.760*	0.877**	-0.987**
	显著性（双向）	0.935	0.001	0.000		0.005	0.047	0.010	0.000
	N	7	7	7	7	7	7	7	7
一产就业比率	皮尔森相关	-0.054	0.849*	0.903**	-0.907**	1	0.860*	-0.982**	0.887**
	显著性（双向）	0.909	0.016	0.005	0.005		0.013	0.000	0.008
	N	7	7	7	7	7	7	7	7

续表

		制造大类招生比率	一产产值比率	二产产值比率	三产产值比率	一产就业比率	二产就业比率	三产就业比率	工业产值比率
二产就业比率	皮尔森相关	-0.185	0.659	0.801*	-0.760*	0.860*	1	-0.912**	0.741
	显著性（双向）	0.691	0.108	0.030	0.047	0.013		0.004	0.057
	N	7	7	7	7	7	7	7	7
三产就业比率	皮尔森相关	0.081	-0.802*	-0.888**	0.877**	-0.982**	-0.912**	1	-0.862*
	显著性（双向）	0.863	0.030	0.008	0.010	0.000	0.004		0.013
	N	7	7	7	7	7	7	7	7
工业产值比率	皮尔森相关	0.185	0.913**	0.992**	-0.987**	0.887**	0.741	-0.862*	1
	显著性（双向）	0.691	0.004	0.000	0.000	0.008	0.057	0.013	
	N	7	7	7	7	7	7	7	7

注：** 表示相关性在 0.01 水平上显著（双向）；* 表示相关性在 0.05 水平上显著（双向）。

相关系数绝对值在 0.8~1.0 之间为高度相关，0.5~0.8 之间为中度相关，0.3~0.5 之间为低度相关，0.3 以下为弱相关。

分析表 4-6 数据得知，制造业大类招生比率与三次产业产值比率、就业比率之间不存在相关性，与工业产值比率之间也不存在相关性。

表4-7 高职土木建筑大类招生比率与三次产业产值比率、就业比率之间相关系数

		土木建筑大类招生比率	一产产值比率	二产产值比率	三产产值比率	一产就业比率	二产就业比率	三产就业比率	建筑业产值比率
土木建筑大类招生比率	皮尔森相关	1	-0.017	0.415	-0.225	0.402	0.607	-0.441	0.107
	显著性（双向）		0.971	0.355	0.628	0.372	0.148	0.321	0.819
	N	7	7	7	7	7	7	7	7
一产产值比率	皮尔森相关	-0.017	1	0.875**	-0.962**	0.849*	0.659	-0.802*	-0.770*
	显著性（双向）	0.971		0.010	0.001	0.016	0.108	0.030	0.043
	N	7	7	7	7	7	7	7	7
二产产值比率	皮尔森相关	0.415	0.875**	1	-0.973**	0.903**	0.801*	-0.888**	-0.696
	显著性（双向）	0.355	0.010		0.000	0.005	0.030	0.008	0.083
	N	7	7	7	7	7	7	7	7
三产产值比率	皮尔森相关	-0.225	-0.962**	-0.973**	1	-0.907**	-0.760*	0.877**	0.753
	显著性（双向）	0.628	0.001	0.000		0.005	0.047	0.010	0.051
	N	7	7	7	7	7	7	7	7
一产就业比率	皮尔森相关	0.402	0.849*	0.903**	-0.907**	1	0.860*	-0.982**	-0.488
	显著性（双向）	0.372	0.016	0.005	0.005		0.013	0.000	0.266
	N	7	7	7	7	7	7	7	7

续表

		土木建筑大类招生比率	一产产值比率	二产产值比率	三产产值比率	一产就业比率	二产就业比率	三产就业比率	建筑业产值比率
二产就业比率	皮尔森相关	0.607	0.659	0.801*	-0.760*	0.860*	1	-0.912**	-0.390
	显著性（双向）	0.148	0.108	0.030	0.047	0.013		0.004	0.387
	N	7	7	7	7	7	7	7	7
三产就业比率	皮尔森相关	-0.441	-0.802*	-0.888**	0.877**	-0.982**	-0.912**	1	0.477
	显著性（双向）	0.321	0.030	0.008	0.010	0.000	0.004		0.279
	N	7	7	7	7	7	7	7	7
建筑业产值比率	皮尔森相关	0.107	-0.770*	-0.696	0.753	-0.488	-0.390	0.477	1
	显著性（双向）	0.819	0.043	0.083	0.051	0.266	0.387	0.279	
	N	7	7	7	7	7	7	7	7

注：** 表示相关性在 0.01 水平上显著（双向）；* 表示相关性在 0.05 水平上显著（双向）。
相关系数绝对值在 0.8~1.0 之间为高度相关，0.5~0.8 之间为中度相关，0.3~0.5 之间为低度相关，0.3 以下为弱相关。

分析表 4-7 数据得知，土木建筑大类招生比率与三次产业产值比率、就业比率之间不存在相关性，与建筑业产值比率之间也不存在相关性。

表 4-8 高职交通运输大类招生比率与三次产业产值比率、就业比率之间相关系数

		交通运输大类招生比率	一产产值比率	二产产值比率	三产产值比率	一产就业比率	二产就业比率	三产就业比率	交通运输业产值比率
交通运输大类招生比率	皮尔森相关	1	-0.629	-0.547	0.603	-0.627	-0.785*	0.632	-0.586
	显著性（双向）		0.130	0.204	0.151	0.132	0.036	0.128	0.167
	N	7	7	7	7	7	7	7	7
一产产值比率	皮尔森相关	-0.629	1	0.875**	-0.962**	0.849*	0.659	-0.802*	0.886**
	显著性（双向）	0.130		0.010	0.001	0.016	0.108	0.030	0.008
	N	7	7	7	7	7	7	7	7
二产产值比率	皮尔森相关	-0.547	0.875**	1	-0.973**	0.903**	0.801*	-0.888**	0.756*
	显著性（双向）	0.204	0.010		0.000	0.005	0.030	0.008	0.049
	N	7	7	7	7	7	7	7	7
三产产值比率	皮尔森相关	0.603	-0.962**	-0.973**	1	-0.907**	-0.760*	0.877**	-0.842*
	显著性（双向）	0.151	0.001	0.000		0.005	0.047	0.010	0.017
	N	7	7	7	7	7	7	7	7
一产就业比率	皮尔森相关	-0.627	0.849*	0.903**	-0.907**	1	0.860*	-0.982**	0.591
	显著性（双向）	0.132	0.016	0.005	0.005		0.013	0.000	0.162
	N	7	7	7	7	7	7	7	7

续表

		交通运输大类招生比率	一产产值比率	二产产值比率	三产产值比率	一产就业比率	二产就业比率	三产就业比率	交通运输业产值比率
二产就业比率	皮尔森相关	-0.785*	0.659	0.801*	-0.760*	0.860*	1	-0.912**	0.499
	显著性（双向）	0.036	0.108	0.030	0.047	0.013		0.004	0.254
	N	7	7	7	7	7	7	7	7
三产就业比率	皮尔森相关	0.632	-0.802*	-0.888**	0.877**	-0.982**	-0.912**	1	-0.529
	显著性（双向）	0.128	0.030	0.008	0.010	0.000	0.004		0.222
	N	7	7	7	7	7	7	7	7
交通运输业产值比率	皮尔森相关	-0.586	0.886**	0.756*	-0.842*	0.591	0.499	-0.529	1
	显著性（双向）	0.167	0.008	0.049	0.017	0.162	0.254	0.222	
	N	7	7	7	7	7	7	7	7

注：**表示相关性在 0.01 水平上显著（双向）；*表示相关性在 0.05 水平上显著（双向）。

相关系数绝对值在 0.8~1.0 之间为高度相关，0.5~0.8 之间为中度相关，0.3~0.5 之间为低度相关，0.3 以下为弱相关。

分析表 4-8 数据得知，交通运输大类招生比率与二产就业比率之间相关系数是 -0.785，呈中高程度负相关，与交通运输业产值比率之间不存在相关性。

表 4-9　高职电子信息大类招生比率与三次产业产值比率、就业比率之间相关系数

		电子信息大类招生比率	一产产值比率	二产产值比率	三产产值比率	一产就业比率	二产就业比率	三产就业比率
电子信息大类招生比率	皮尔森相关	1	-0.671	-0.680	0.698	-0.755*	-0.876**	0.742
	显著性（双向）		0.099	0.093	0.081	0.050	0.010	0.056
	N	7	7	7	7	7	7	7
一产产值比率	皮尔森相关	-0.671	1	0.875**	-0.962**	0.849*	0.659	-0.802*
	显著性（双向）	0.099		0.010	0.001	0.016	0.108	0.030
	N	7	7	7	7	7	7	7
二产产值比率	皮尔森相关	-0.680	0.875**	1	-0.973**	0.903**	0.801*	-0.888**
	显著性（双向）	0.093	0.010		0.000	0.005	0.030	0.008
	N	7	7	7	7	7	7	7
三产产值比率	皮尔森相关	0.698	-0.962**	-0.973**	1	-0.907**	-0.760*	0.877**
	显著性（双向）	0.081	0.001	0.000		0.005	0.047	0.010
	N	7	7	7	7	7	7	7
一产就业比率	皮尔森相关	-0.755*	0.849*	0.903**	-0.907**	1	0.860*	-0.982**
	显著性（双向）	0.050	0.016	0.005	0.005		0.013	0.000
	N	7	7	7	7	7	7	7

续表

		电子信息大类招生比率	一产产值比率	二产产值比率	三产产值比率	一产就业比率	二产就业比率	三产就业比率
二产就业比率	皮尔森相关	-0.876**	0.659	0.801*	-0.760*	0.860*	1	-0.912**
	显著性（双向）	0.010	0.108	0.030	0.047	0.013		0.004
	N	7	7	7	7	7	7	7
三产就业比率	皮尔森相关	0.742	-0.802*	-0.888**	0.877**	-0.982**	-0.912**	1
	显著性（双向）	0.056	0.030	0.008	0.010	0.000	0.004	
	N	7	7	7	7	7	7	7

注：** 表示相关性在 0.01 水平上显著（双向）；* 表示相关性在 0.05 水平上显著（双向）。
相关系数绝对值在 0.8~1.0 之间为高度相关，0.5~0.8 之间为中度相关，0.3~0.5 之间为低度相关，0.3 以下为弱相关。

分析表 4-9 数据得知，电子信息大类招生比率与一产就业比率、二产就业比率之间相关系数分别是 -0.755、-0.876，呈中高程度负相关；与三产产值比率、三产就业比率之间不存在相关性。

表4-10 高职医药卫生大类招生比率与三次产业产值比率、就业比率之间相关系数

		医药卫生大类招生比率	一产产值比率	二产产值比率	三产产值比率	一产就业比率	二产就业比率	三产就业比率
医药卫生大类招生比率	皮尔森相关	1	-0.420	-0.545	0.504	-0.640	-0.774*	0.611
	显著性（双向）		0.348	0.206	0.249	0.121	0.041	0.145
	N	7	7	7	7	7	7	7
一产产值比率	皮尔森相关	-0.420	1	0.875**	-0.962**	0.849*	0.659	-0.802*
	显著性（双向）	0.348		0.010	0.001	0.016	0.108	0.030
	N	7	7	7	7	7	7	7
二产产值比率	皮尔森相关	-0.545	0.875**	1	-0.973**	0.903**	0.801*	-0.888**
	显著性（双向）	0.206	0.010		0.000	0.005	0.030	0.008
	N	7	7	7	7	7	7	7
三产产值比率	皮尔森相关	0.504	-0.962**	-0.973**	1	-0.907**	-0.760*	0.877**
	显著性（双向）	0.249	0.001	0.000		0.005	0.047	0.010
	N	7	7	7	7	7	7	7
一产就业比率	皮尔森相关	-0.640	0.849*	0.903**	-0.907**	1	0.860*	-0.982**
	显著性（双向）	0.121	0.016	0.005	0.005		0.013	0.000
	N	7	7	7	7	7	7	7

续表

		医药卫生大类招生比率	一产产值比率	二产产值比率	三产产值比率	一产就业比率	二产就业比率	三产就业比率
二产就业比率	皮尔森相关	-0.774*	0.659	0.801*	-0.760*	0.860*	1	-0.912**
	显著性（双向）	0.041	0.108	0.030	0.047	0.013		0.004
	N	7	7	7	7	7	7	7
三产就业比率	皮尔森相关	0.611	-0.802*	-0.888**	0.877**	-0.982**	-0.912**	1
	显著性（双向）	0.145	0.030	0.008	0.010	0.000	0.004	
	N	7	7	7	7	7	7	7

注：** 表示相关性在 0.01 水平上显著（双向）；* 表示相关性在 0.05 水平上显著（双向）。相关系数绝对值在 0.8~1.0 之间为高度相关，0.5~0.8 之间为中度相关，0.3~0.5 之间为低度相关，0.3 以下为弱相关。

分析表 4-10 数据得知，医药卫生大类招生比率与二产就业比率之间相关系数是 -0.774，呈中高程度负相关，与三产产值比率、三产就业比率之间不存在相关性。

表 4-11 高职财经商贸大类招生比率与三次产业产值比率、就业比率之间相关系数

		财经商贸大类招生比率	一产产值比率	二产产值比率	三产产值比率	一产就业比率	二产就业比率	三产就业比率
财经商贸大类招生比率	皮尔森相关	1	-0.448	-0.663	0.583	-0.676	-0.833*	0.667
	显著性（双向）		0.314	0.104	0.169	0.096	0.020	0.102
	N	7	7	7	7	7	7	7
一产产值比率	皮尔森相关	-0.448	1	0.875**	-0.962**	0.849*	0.659	-0.802*
	显著性（双向）	0.314		0.010	0.001	0.016	0.108	0.030
	N	7	7	7	7	7	7	7
二产产值比率	皮尔森相关	-0.663	0.875**	1	-0.973**	0.903**	0.801*	-0.888**
	显著性（双向）	0.104	0.010		0.000	0.005	0.030	0.008
	N	7	7	7	7	7	7	7
三产产值比率	皮尔森相关	0.583	-0.962**	-0.973**	1	-0.907**	-0.760*	0.877**
	显著性（双向）	0.169	0.001	0.000		0.005	0.047	0.010
	N	7	7	7	7	7	7	7
一产就业比率	皮尔森相关	-0.676	0.849*	0.903**	-0.907**	1	0.860*	-0.982**
	显著性（双向）	0.096	0.016	0.005	0.005		0.013	0.000
	N	7	7	7	7	7	7	7

续表

		财经商贸大类招生比率	一产产值比率	二产产值比率	三产产值比率	一产就业比率	二产就业比率	三产就业比率
二产就业比率	皮尔森相关	-0.833*	0.659	0.801*	-0.760*	0.860*	1	-0.912**
	显著性（双向）	0.020	0.108	0.030	0.047	0.013		0.004
	N	7	7	7	7	7	7	7
三产就业比率	皮尔森相关	0.667	-0.802*	-0.888**	0.877**	-0.982**	-0.912**	1
	显著性（双向）	0.102	0.030	0.008	0.010	0.000	0.004	
	N	7	7	7	7	7	7	7

注：** 表示相关性在 0.01 水平上显著（双向）；* 表示相关性在 0.05 水平上显著（双向）。相关系数绝对值在 0.8~1.0 之间为高度相关，0.5~0.8 之间为中度相关，0.3~0.5 之间为低度相关，0.3 以下为弱相关。

分析表 4-11 数据得知，财经商贸大类招生比率与二产就业比率之间相关系数是 -0.883，呈高等程度负相关，与三产产值比率、三产就业比率之间不存在相关性。

表4-12 高职旅游大类招生比率与三次产业产值比率、就业比率之间相关系数

		旅游大类招生比率	一产产值比率	二产产值比率	三产产值比率	一产就业比率	二产就业比率	三产就业比率
旅游大类招生比率	皮尔森相关	1	-0.670	-0.766*	0.746	-0.775*	-0.949**	0.797*
	显著性（双向）		0.100	0.045	0.054	0.041	0.001	0.032
	N	7	7	7	7	7	7	7
一产产值比率	皮尔森相关	-0.670	1	0.875**	-0.962**	0.849*	0.659	-0.802*
	显著性（双向）	0.100		0.010	0.001	0.016	0.108	0.030
	N	7	7	7	7	7	7	7
二产产值比率	皮尔森相关	-0.766*	0.875**	1	-0.973**	0.903**	0.801*	-0.888**
	显著性（双向）	0.045	0.010		0.000	0.005	0.030	0.008
	N	7	7	7	7	7	7	7
三产产值比率	皮尔森相关	0.746	-0.962**	-0.973**	1	-0.907**	-0.760*	0.877**
	显著性（双向）	0.054	0.001	0.000		0.005	0.047	0.010
	N	7	7	7	7	7	7	7
一产就业比率	皮尔森相关	-0.775*	0.849*	0.903**	-0.907**	1	0.860*	-0.982**
	显著性（双向）	0.041	0.016	0.005	0.005		0.013	0.000
	N	7	7	7	7	7	7	7

续表

	旅游大类招生比率	一产产值比率	二产产值比率	三产产值比率	一产就业比率	二产就业比率	三产就业比率
二产就业比率 皮尔森相关	-0.949**	0.659	0.801*	-0.760*	0.860*	1	-0.912**
显著性（双向）	0.001	0.108	0.030	0.047	0.013		0.004
N	7	7	7	7	7	7	7
三产就业比率 皮尔森相关	0.797*	-0.802*	-0.888**	0.877**	-0.982**	-0.912**	1
显著性（双向）	0.032	0.030	0.008	0.010	0.000	0.004	
N	7	7	7	7	7	7	7

注：** 表示相关性在 0.01 水平上显著（双向）；* 表示相关性在 0.05 水平上显著（双向）。相关系数绝对值在 0.8~1.0 之间为高度相关，0.5~0.8 之间为中度相关，0.3~0.5 之间为低度相关，0.3 以下为弱相关。

分析表 4-12 数据得知，旅游大类招生比率与一产产值比率、二产产值比率之间相关系数分别是 -0.766、-0.949，呈中高程度负相关；与一产就业比率、二产就业比率之间相关系数是 -0.775，呈中等程度负相关；与三产就业比率之间相关系数是 0.797，呈中等程度正相关，与三产产值比率不存在相关性。

4. 三次产业对应的专业大类招生比率与广西区域产业产值比率之间的相关性

广西区域发展划分为三部分：桂西资源富集区（百色、河池、崇左三市）、西江经济带（柳州、桂林、梧州、贵港、玉林、贺州、来宾七市）和北部湾经济区（南宁、北海、钦州、防城港四市）。在以下分析中，桂西资源富集区一产产值比率简称"桂一产产值比率"，桂西资源富集区二产产值比率简称"桂二产产值比率"，桂西资源富集区三产产值比率简称"桂三产产值比率"；西江经济带一产产值比率简称"西一产产值比率"，西江经济带二产产值比率简称"西二产产值比率"，西江经济带三产产值比率，简称"西三产产值比率"；北部湾经济区一产产值比率简称"北一产产值比率"，北部湾经济区二产产值比率简称"北二产产值比率"，北部湾经济区三产产值比率简称"北三产产值比率"。

运用 Spearman 的 Rho（r）即斯皮尔曼秩相关对三次产业的招生比率与广西区域产业产值比率之间的相关性进行检验，表 4-13～表 4-15 为输出结果。

分析表 4-13 得知：一产招生比率与桂西资源富集区（百色、河池、崇左三市）、西江经济带（柳州、桂林、梧州、贵港、玉林、贺州、来宾七市）、北部湾经济区（南宁、北海、钦州、防城港四市）的产值比率之间不存在相关性。

分析表 4-14 得知：二产招生比率与桂一产产值比率、北一产产值比率相关系数分别是 0.836、0.814，呈高等程度正相关；与西三产产值比率之间相关系数是 -0.806，呈高等程度负相关；与北三产产值比率相关系数是 -0.910，呈高等程度负相关。

表 4-13 一产产业对应的高职专业大类招生比率与广西区域产业产值比率之间相关系数

		一产招生比率	桂一产产值比率	桂二产产值比率	桂三产产值比率	西一产产值比率	西二产产值比率	西三产产值比率	北一产产值比率	北二产产值比率	北三产产值比率
一产招生比率	皮尔森相关	1	-0.105	0.366	-0.116	0.340	-0.093	-0.061	-0.070	0.006	0.095
	显著性（双向）		0.823	0.419	0.805	0.456	0.843	0.897	0.881	0.989	0.840
	N	7	7	7	7	7	7	7	7	7	7
桂一产产值比率	皮尔森相关	-0.105	1	-0.028	-0.814*	0.573	0.841*	-0.807*	0.977**	-0.792*	-0.848*
	显著性（双向）	0.823		0.953	0.026	0.179	0.018	0.028	0.000	0.034	0.016
	N	7	7	7	7	7	7	7	7	7	7
桂二产产值比率	皮尔森相关	0.366	-0.028	1	-0.558	0.742	0.329	-0.538	0.150	0.156	-0.371
	显著性（双向）	0.419	0.953		0.193	0.056	0.472	0.213	0.749	0.739	0.413
	N	7	7	7	7	7	7	7	7	7	7
桂三产产值比率	皮尔森相关	-0.116	-0.814*	-0.558	1	-0.909**	-0.891**	0.984**	-0.898**	0.567	0.919**
	显著性（双向）	0.805	0.026	0.193		0.005	0.007	0.000	0.006	0.185	0.003
	N	7	7	7	7	7	7	7	7	7	7
西一产产值比率	皮尔森相关	0.340	0.573	0.742	-0.909**	1	0.649	-0.856*	0.712	-0.489	-0.695
	显著性（双向）	0.456	0.179	0.056	0.005		0.115	0.014	0.073	0.265	0.083
	N	7	7	7	7	7	7	7	7	7	7

续表

		一产招生比率	桂一产值比率	桂二产值比率	桂三产值比率	西一产值比率	西二产值比率	西三产值比率	北一产值比率	北二产值比率	北三产值比率
西二产值比率	皮尔森相关（双向）	-0.093	0.841*	0.329	-0.891**	0.649	1	-0.948**	0.845*	-0.385	-0.989**
	显著性（双向）	0.843	0.018	0.472	0.007	0.115		0.001	0.017	0.394	0.000
	N	7	7	7	7	7	7	7	7	7	7
西三产值比率	皮尔森相关（双向）	-0.061	-0.807*	-0.538	0.984**	-0.856*	-0.948**	1	-0.870*	0.465	0.962**
	显著性（双向）	0.897	0.028	0.213	0.000	0.014	0.001		0.011	0.294	0.001
	N	7	7	7	7	7	7	7	7	7	7
北一产值比率	皮尔森相关（双向）	-0.070	0.977**	0.150	-0.898**	0.712	0.845*	-0.870*	1	-0.809*	-0.871*
	显著性（双向）	0.881	0.000	0.749	0.006	0.073	0.017	0.011		0.028	0.011
	N	7	7	7	7	7	7	7	7	7	7
北二产值比率	皮尔森相关（双向）	0.006	-0.792*	0.156	0.567	-0.489	-0.385	0.465	-0.809*	1	0.416
	显著性（双向）	0.989	0.034	0.739	0.185	0.265	0.394	0.294	0.028		0.353
	N	7	7	7	7	7	7	7	7	7	7
北三产值比率	皮尔森相关（双向）	0.095	-0.848*	-0.371	0.919**	-0.695	-0.989**	0.962**	-0.871*	0.416	1
	显著性（双向）	0.840	0.016	0.413	0.003	0.083	0.000	0.001	0.011	0.353	
	N	7	7	7	7	7	7	7	7	7	7

注：** 表示相关性在 0.01 水平上显著（双向）；* 表示相关性在 0.05 水平上显著（双向）。
相关系数绝对值在 0.8~1.0 之间为高度相关，0.5~0.8 之间为中度相关，0.3~0.5 之间为低度相关，0.3 以下为弱相关。

表4-14 二产业对应的高职专业大类招生比率与广西区域产业产值比率之间相关系数

		二产招生比率	桂一产产值比率	桂二产产值比率	桂三产产值比率	西一产产值比率	西二产产值比率	西三产产值比率	北一产产值比率	北二产产值比率	北三产产值比率
二产招生比率	皮尔森相关	1	0.836*	0.073	-0.741	0.424	0.920**	-0.806*	0.814*	-0.417	-0.910**
	显著性（双向）		0.019	0.876	0.057	0.343	0.003	0.028	0.026	0.352	0.004
	N		7	7	7	7	7	7	7	7	7
桂一产产值比率	皮尔森相关	0.836*	1	-0.028	-0.814*	0.573	0.841*	-0.807*	0.977**	-0.792*	-0.848*
	显著性（双向）	0.019		0.953	0.026	0.179	0.018	0.028	0.000	0.034	0.016
	N	7		7	7	7	7	7	7	7	7
桂二产产值比率	皮尔森相关	0.073	-0.028	1	-0.558	0.742	0.329	-0.538	0.150	0.156	-0.371
	显著性（双向）	0.876	0.953		0.193	0.056	0.472	0.213	0.749	0.739	0.413
	N	7	7		7	7	7	7	7	7	7
桂三产产值比率	皮尔森相关	-0.814*	-0.028	-0.558	1	-0.909**	-0.891**	0.984**	-0.898**	0.567	0.919**
	显著性（双向）	0.057	0.193	0.193		0.005	0.007	0.000	0.006	0.185	0.003
	N	7	7	7		7	7	7	7	7	7
西一产产值比率	皮尔森相关	0.424	0.573	0.742	-0.909**	1	0.649	-0.856*	0.712	-0.489	-0.695
	显著性（双向）	0.343	0.179	0.056	0.005		0.115	0.014	0.073	0.265	0.083
	N	7	7	7	7		7	7	7	7	7

续表

		二产招生比率	桂一产产值比率	桂二产产值比率	桂三产产值比率	西一产产值比率	西二产产值比率	西三产产值比率	北一产产值比率	北二产产值比率	北三产产值比率
西二产产值比率	皮尔森相关（双向）	0.920**	0.841*	0.329	-0.891**	0.649	1	-0.948**	0.845*	-0.385	-0.989**
	显著性（双向）	0.003	0.018	0.472	0.007	0.115		0.001	0.017	0.394	0.000
	N	7	7	7	7	7	7	7	7	7	7
西三产产值比率	皮尔森相关（双向）	-0.806*	-0.807*	-0.538	0.984**	-0.856*	-0.948**	1	-0.870*	0.465	0.962**
	显著性（双向）	0.028	0.028	0.213	0.000	0.014	0.001		0.011	0.294	0.001
	N	7	7	7	7	7	7	7	7	7	7
北一产产值比率	皮尔森相关（双向）	0.814*	0.977**	0.150	-0.898**	0.712	0.845*	-0.870*	1	-0.809*	-0.871*
	显著性（双向）	0.026	0.000	0.749	0.006	0.073	0.017	0.011		0.028	0.011
	N	7	7	7	7	7	7	7	7	7	7
北二产产值比率	皮尔森相关（双向）	-0.417	-0.792*	0.156	0.567	-0.489	-0.385	0.465	-0.809*	1	0.416
	显著性（双向）	0.352	0.034	0.739	0.185	0.265	0.394	0.294	0.028		0.353
	N	7	7	7	7	7	7	7	7	7	7
北三产产值比率	皮尔森相关（双向）	-0.910**	-0.848*	-0.371	0.919**	-0.695	-0.989**	0.962**	-0.871*	0.416	1
	显著性（双向）	0.004	0.016	0.413	0.003	0.083	0.000	0.001	0.011	0.353	
	N	7	7	7	7	7	7	7	7	7	7

注：*** 表示相关性在 0.01 水平上显著（双向）；* 表示相关性在 0.05 水平上显著（双向）。
相关系数绝对值在 0.8～1.0 之间为高度相关，0.5～0.8 之间为中度相关，0.3～0.5 之间为低度相关，0.3 以下为弱相关。

分析表4-15得知：三产招生比率与桂一产产值比率相关系数是-0.889，呈高等程度负相关；与桂三产产值比率相关系数是0.841，呈高等程度正相关；与西二产产值比率相关系数是-0.964，呈高等程度负相关；与西三产产值比率相关系数是0.892，呈高等程度正相关；与北一产产值比率相关系数是-0.871，呈高等程度负相关；与北三产产值比率相关系数是0.930，呈高等程度正相关。

5. 重点产业对应的专业大类招生比率与区域产业产值比率之间的相关性

运用Spearman的Rho（r）即斯皮尔曼秩相关对重点产业对应的专业大类招生比率与广西区域产业产值之间的相关性进行检验，表4-16~表4-22为输出结果。

分析表4-16得知：制造大类招生比率与桂二产产值比率之间相关系数是0.834，呈高等程度正相关，与其他区域产业发展不存在相关性。

分析表4-17得知：土木建筑大类招生比率与三大区域三次产值比率之间不存在相关性。

分析表4-18得知：交通运输大类招生比率与三大区域三次产值比率之间不存在相关性。

分析表4-19得知：电子信息大类招生比率与桂一产产值比率之间相关系数是-0.804，呈高等程度负相关；与区域其他产业产值比率之间不存在相关性。

分析表4-20得知：财经商贸大类招生比率与三大区域三次产值比率之间不存在相关性。

分析表4-21得知：医药卫生大类招生比率与三大区域三次产值比率之间不存在相关性。

分析表4-22得知：旅游大类招生比率与桂一产产值比率之间相关系数是-0.759，呈中等程度负相关；与区域其他产业产值比率之间不存在相关性。

表 4-15 三产产业对应的高职专业大类招生比率与广西区域产业产值比率之间相关系数

		三产招生比率	桂一产产值比率	桂二产产值比率	桂三产产值比率	西一产产值比率	西二产产值比率	西三产产值比率	北一产产值比率	北二产产值比率	北三产产值比率
三产招生比率	皮尔森相关	1	-0.889**	-0.168	0.841*	-0.575	-0.964**	0.892**	-0.871*	0.508	0.930**
	显著性（双侧）		0.007	0.719	0.018	0.177	0.000	0.007	0.011	0.245	0.002
	N	7	7	7	7	7	7	7	7	7	7
桂一产产值比率	皮尔森相关	-0.889**	1	-0.028	-0.814*	0.573	0.841*	-0.807*	0.977**	-0.792*	-0.848*
	显著性（双侧）	0.007		0.953	0.026	0.179	0.018	0.028	0.000	0.034	0.016
	N	7	7	7	7	7	7	7	7	7	7
桂二产产值比率	皮尔森相关	-0.168	-0.028	1	-0.558	0.742	0.329	-0.538	0.150	0.156	-0.371
	显著性（双侧）	0.719	0.953		0.193	0.056	0.472	0.213	0.749	0.739	0.413
	N	7	7	7	7	7	7	7	7	7	7
桂三产产值比率	皮尔森相关	0.841*	-0.814*	-0.558	1	-0.909**	-0.891**	0.984**	-0.898**	0.567	0.919**
	显著性（双侧）	0.018	0.026	0.193		0.005	0.007	0.000	0.006	0.185	0.003
	N	7	7	7	7	7	7	7	7	7	7
西一产产值比率	皮尔森相关	-0.575	0.573	0.742	-0.909**	1	0.649	-0.856*	0.712	-0.489	-0.695
	显著性（双侧）	0.177	0.179	0.056	0.005		0.115	0.014	0.073	0.265	0.083
	N	7	7	7	7	7	7	7	7	7	7

续表

		三产招生比率	桂一产产值比率	桂二产产值比率	桂三产产值比率	西一产产值比率	西二产产值比率	西三产产值比率	北一产产值比率	北二产产值比率	北三产产值比率
西二产产值比率	皮尔森相关	-0.964**	0.841*	0.329	-0.891**	0.649	1	-0.948**	0.845*	-0.385	-0.989**
	显著性（双向）	0.000	0.018	0.472	0.007	0.115		0.001	0.017	0.394	0.000
	N	7	7	7	7	7	7	7	7	7	7
西三产产值比率	皮尔森相关	0.892**	-0.807*	-0.538	0.984**	-0.856*	-0.948**	1	-0.870*	0.465	0.962**
	显著性（双向）	0.007	0.028	0.213	0.000	0.014	0.001		0.011	0.294	0.001
	N	7	7	7	7	7	7	7	7	7	7
北一产产值比率	皮尔森相关	-0.871*	0.977**	0.150	-0.898**	0.712	0.845*	-0.870*	1	-0.809*	-0.871*
	显著性（双向）	0.011	0.000	0.749	0.006	0.073	0.017	0.011		0.028	0.011
	N	7	7	7	7	7	7	7	7	7	7
北二产产值比率	皮尔森相关	0.508	-0.792*	0.156	0.567	-0.489	-0.385	0.465	-0.809*	1	0.416
	显著性（双向）	0.245	0.034	0.739	0.185	0.265	0.394	0.294	0.028		0.353
	N	7	7	7	7	7	7	7	7	7	7
北三产产值比率	皮尔森相关	0.930**	-0.848*	-0.371	0.919**	-0.695	-0.989**	0.962**	-0.871*	0.416	1
	显著性（双向）	0.002	0.016	0.413	0.003	0.083	0.000	0.001	0.011	0.353	
	N	7	7	7	7	7	7	7	7	7	7

注：** 表示相关性在 0.01 水平上显著（双向）；* 表示相关性在 0.05 水平上显著（双向）。相关系数绝对值在 0.8～1.0 之间为高度相关，0.5～0.8 之间为中度相关，0.3～0.5 之间为低度相关，0.3 以下为弱相关。

表4-16 高职制造大类招生比率与广西区域产业产值比率之间相关系数

		制造大类招生比率	桂一产产值比率	桂二产产值比率	桂三产产值比率	西一产产值比率	西二产产值比率	西三产产值比率	北一产产值比率	北二产产值比率	北三产产值比率
制造大类招生比率	皮尔森相关	1	-0.261	0.834*	-0.280	0.592	0.011	-0.255	-0.086	0.213	-0.043
	显著性（双向）		0.572	0.020	0.544	0.161	0.981	0.580	0.854	0.646	0.927
	N	7	7	7	7	7	7	7	7	7	7
桂一产产值比率	皮尔森相关	-0.261	1	-0.028	-0.814*	0.573	0.841*	-0.807*	0.977**	-0.792*	-0.848*
	显著性（双向）	0.572		0.953	0.026	0.179	0.018	0.028	0.000	0.034	0.016
	N	7	7	7	7	7	7	7	7	7	7
桂二产产值比率	皮尔森相关	0.834*	-0.028	1	-0.558	0.742	0.329	-0.538	0.150	0.156	-0.371
	显著性（双向）	0.020	0.953		0.193	0.056	0.472	0.213	0.749	0.739	0.413
	N	7	7	7	7	7	7	7	7	7	7
桂三产产值比率	皮尔森相关	-0.280	-0.814*	-0.558	1	-0.909**	-0.891**	0.984**	-0.898**	0.567	0.919**
	显著性（双向）	0.544	0.026	0.193		0.005	0.007	0.000	0.006	0.185	0.003
	N	7	7	7	7	7	7	7	7	7	7
西一产产值比率	皮尔森相关	0.592	0.573	0.742	-0.909**	1	0.649	-0.856*	0.712	-0.489	-0.695
	显著性（双向）	0.161	0.179	0.056	0.005		0.115	0.014	0.073	0.265	0.083
	N	7	7	7	7	7	7	7	7	7	7

续表

		制造大类招生比率	桂一产产值比率	桂二产产值比率	桂三产产值比率	西一产产值比率	西二产产值比率	西三产产值比率	北一产产值比率	北二产产值比率	北三产产值比率
西二产产值比率	皮尔森相关	0.011	0.841*	0.329	-0.891**	0.649	1	-0.948**	0.845**	-0.385	-0.989**
	显著性（双向）	0.981	0.018	0.472	0.007	0.115		0.001	0.017	0.394	0.000
	N	7	7	7	7	7	7	7	7	7	7
西三产产值比率	皮尔森相关	-0.255	-0.807*	-0.538	0.984**	-0.856*	-0.948**	1	-0.870*	0.465	0.962**
	显著性（双向）	0.580	0.028	0.213	0.000	0.014	0.001		0.011	0.294	0.001
	N	7	7	7	7	7	7	7	7	7	7
北一产产值比率	皮尔森相关	-0.086	0.977**	0.150	-0.898*	0.712	0.845*	-0.870*	1	-0.809*	-0.871*
	显著性（双向）	0.854	0.000	0.749	0.006	0.073	0.017	0.011		0.028	0.011
	N	7	7	7	7	7	7	7	7	7	7
北二产产值比率	皮尔森相关	0.213	-0.792*	0.156	0.567	-0.489	-0.385	0.465	-0.809*	1	0.416
	显著性（双向）	0.646	0.034	0.739	0.185	0.265	0.394	0.294	0.028		0.353
	N	7	7	7	7	7	7	7	7	7	7
北三产产值比率	皮尔森相关	-0.043	-0.848*	-0.371	0.919**	-0.695	-0.989**	0.962**	-0.871*	0.416	1
	显著性（双向）	0.927	0.016	0.413	0.003	0.083	0.000	0.001	0.011	0.353	
	N	7	7	7	7	7	7	7	7	7	7

注：** 表示相关性在 0.01 水平上显著（双向）； * 表示相关性在 0.05 水平上显著（双向）。

相关系数绝对值在 0.8~1.0 之间为高度相关，0.5~0.8 之间为中度相关，0.3~0.5 之间为低度相关，0.3 以下为弱相关。

表 4-17 高职土木建筑大类招生比率与广西区域产业值比率之间相关系数

		土木建筑大类招生比率	桂一产产值比率	桂二产产值比率	桂三产产值比率	西一产产值比率	西二产产值比率	西三产产值比率	北一产产值比率	北二产产值比率	北三产产值比率
土木建筑大类招生比率	皮尔森相关	1	0.136	0.321	-0.316	0.192	0.514	-0.436	0.159	0.273	-0.474
	显著性（双向）		0.772	0.482	0.489	0.680	0.237	0.328	0.733	0.553	0.282
	N	7	7	7	7	7	7	7	7	7	7
桂一产产值比率	皮尔森相关	0.136	1	-0.028	-0.814*	0.573	0.841*	-0.807*	0.977**	-0.792*	-0.848**
	显著性（双向）	0.772		0.953	0.026	0.179	0.018	0.028	0.000	0.034	0.016
	N	7	7	7	7	7	7	7	7	7	7
桂二产产值比率	皮尔森相关	0.321	-0.028	1	-0.558	0.742	0.329	-0.538	0.150	0.156	-0.371
	显著性（双向）	0.482	0.953		0.193	0.056	0.472	0.213	0.749	0.739	0.413
	N	7	7	7	7	7	7	7	7	7	7
桂三产产值比率	皮尔森相关	-0.316	-0.814*	-0.558	1	-0.909**	-0.891**	0.984**	-0.898**	0.567	0.919**
	显著性（双向）	0.489	0.026	0.193		0.005	0.007	0.000	0.006	0.185	0.003
	N	7	7	7	7	7	7	7	7	7	7
西一产产值比率	皮尔森相关	0.192	0.573	0.742	-0.909**	1	0.649	-0.856*	0.712	-0.489	-0.695
	显著性（双向）	0.680	0.179	0.056	0.005		0.115	0.014	0.073	0.265	0.083
	N	7	7	7	7	7	7	7	7	7	7

续表

		土木建筑大类招生比率	桂一产产值比率	桂二产产值比率	桂三产产值比率	西一产产值比率	西二产产值比率	西三产产值比率	北一产产值比率	北二产产值比率	北三产产值比率
西二产产值比率	皮尔森相关	0.514	0.841*	0.329	−0.891**	0.649	1	−0.948**	0.845*	−0.385	−0.989**
	显著性（双向）	0.237	0.018	0.472	0.007	0.115		0.001	0.017	0.394	0.000
	N	7	7	7	7	7	7	7	7	7	7
西三产产值比率	皮尔森相关	−0.436	−0.807*	−0.538	0.984**	−0.856*	−0.948**	1	−0.870*	0.465	0.962**
	显著性（双向）	0.328	0.028	0.213	0.000	0.014	0.001		0.011	0.294	0.001
	N	7	7	7	7	7	7	7	7	7	7
北一产产值比率	皮尔森相关	0.159	0.977**	0.150	−0.898**	0.712	0.845*	−0.870*	1	−0.809*	−0.871*
	显著性（双向）	0.733	0.000	0.749	0.006	0.073	0.017	0.011		0.028	0.011
	N	7	7	7	7	7	7	7	7	7	7
北二产产值比率	皮尔森相关	0.273	−0.792*	0.156	0.567	−0.489	−0.385	0.465	−0.809*	1	0.416
	显著性（双向）	0.553	0.034	0.739	0.185	0.265	0.394	0.294	0.028		0.353
	N	7	7	7	7	7	7	7	7	7	7
北三产产值比率	皮尔森相关	−0.474	−0.848*	−0.371	0.919**	−0.695	−0.989**	0.962**	−0.871*	0.416	1
	显著性（双向）	0.282	0.016	0.413	0.003	0.083	0.000	0.001	0.011	0.353	
	N	7	7	7	7	7	7	7	7	7	7

注：** 表示相关性在 0.01 水平上显著（双向）；* 表示相关性在 0.05 水平上显著（双向）。
相关系数绝对值在 0.8～1.0 之间为高度相关，0.5～0.8 之间为中度相关，0.3～0.5 之间为低度相关，0.3 以下为弱相关。

表 4-18　高职交通运输大类招生比率与广西区域产业产值比率之间相关系数

		交通运输大类招生比率	桂一产产值比率	桂二产产值比率	桂三产产值比率	西一产产值比率	西二产产值比率	西三产产值比率	北一产产值比率	北二产产值比率	北三产产值比率
交通运输大类招生比率	皮尔森相关	1	-0.734	0.517	0.311	0.049	-0.521	0.340	-0.640	0.571	0.509
	显著性（双向）		0.060	0.234	0.498	0.918	0.230	0.455	0.122	0.180	0.243
	N	7	7	7	7	7	7	7	7	7	7
桂一产产值比率	皮尔森相关	-0.734	1			0.573	-0.807*	-0.807*	0.977**	-0.792*	-0.848*
	显著性（双向）	0.060				0.179	0.018	0.028	0.000	0.034	0.016
	N	7	7			7	7	7	7	7	7
桂二产产值比率	皮尔森相关	0.517	-0.028	1	-0.558	0.742	0.329	-0.538	0.150	0.156	-0.371
	显著性（双向）	0.234	0.953		0.193	0.056	0.472	0.213	0.749	0.739	0.413
	N	7	7	7	7	7	7	7	7	7	7
桂三产产值比率	皮尔森相关	0.311	-0.814*	-0.558	1	-0.909**	-0.891**	0.984**	-0.898**	0.567	0.919**
	显著性（双向）	0.498	0.026	0.193		0.005	0.007	0.000	0.006	0.185	0.003
	N	7	7	7	7	7	7	7	7	7	7
西一产产值比率	皮尔森相关	0.049	0.573	0.742	-0.909**	1	0.649	-0.856*	0.712	-0.489	-0.695
	显著性（双向）	0.918	0.179	0.056	0.005		0.115	0.014	0.073	0.265	0.083
	N	7	7	7	7	7	7	7	7	7	7

续表

		交通运输大类招生比率	桂一产值比率	桂二产值比率	桂三产值比率	西一产值比率	西二产值比率	西三产值比率	北一产值比率	北二产值比率	北三产值比率
西二产值比率	皮尔森相关	-0.521	0.841*	0.329	-0.891**	0.649	1	-0.948**	0.845*	-0.385	-0.989**
	显著性（双向）	0.230	0.018	0.472	0.007	0.115		0.001	0.017	0.394	0.000
	N	7	7	7	7	7	7	7	7	7	7
西三产值比率	皮尔森相关	0.340	-0.807*	-0.538	0.984**	-0.856*	-0.948**	1	-0.870*	0.465	0.962**
	显著性（双向）	0.455	0.028	0.213	0.000	0.014	0.001		0.011	0.294	0.001
	N	7	7	7	7	7	7	7	7	7	7
北一产值比率	皮尔森相关	-0.640	0.977**	0.150	-0.898**	0.712	0.845*	-0.870*	1	-0.809*	-0.871*
	显著性（双向）	0.122	0.000	0.749	0.006	0.073	0.017	0.011		0.028	0.011
	N	7	7	7	7	7	7	7	7	7	7
北二产值比率	皮尔森相关	0.571	-0.792*	0.156	0.567	-0.489	-0.385	0.465	-0.809*	1	0.416
	显著性（双向）	0.180	0.034	0.739	0.185	0.265	0.394	0.294	0.028		0.353
	N	7	7	7	7	7	7	7	7	7	7
北三产值比率	皮尔森相关	0.509	-0.848*	-0.371	0.919**	-0.695	-0.989**	0.962**	-0.871*	0.416	1
	显著性（双向）	0.243	0.016	0.413	0.003	0.083	0.000	0.001	0.011	0.353	
	N	7	7	7	7	7	7	7	7	7	7

注：** 表示相关性在 0.01 水平上显著（双向）；* 表示相关性在 0.05 水平上显著（双向）。

相关系数绝对值在 0.8~1.0 之间为高度相关，0.5~0.8 之间为中度相关，0.3~0.5 之间为低度相关，0.3 以下为弱相关。

表 4-19 高职电子信息大类招生比率与广西区域产业产值比率之间相关系数

		电子信息大类招生比率	桂一产产值比率	桂二产产值比率	桂三产产值比率	西一产产值比率	西二产产值比率	西三产产值比率	北一产产值比率	北二产产值比率	北三产产值比率
电子信息大类招生比率	皮尔森相关	1	-0.804*	0.309	0.495	-0.167	-0.691	0.543	-0.739	0.540	0.683
	显著性（双向）		0.029	0.501	0.259	0.720	0.086	0.207	0.058	0.211	0.091
	N	7	7	7	7	7	7	7	7	7	7
桂一产产值比率	皮尔森相关	-0.804*	1	-0.028	-0.814*	0.573	0.841*	-0.807*	0.977**	-0.792*	-0.848*
	显著性（双向）	0.029		0.953	0.026	0.179	0.018	0.028	0.000	0.034	0.016
	N	7	7	7	7	7	7	7	7	7	7
桂二产产值比率	皮尔森相关	0.309	-0.028	1	-0.558	0.742	0.329	-0.538	0.150	0.156	-0.371
	显著性（双向）	0.501	0.953		0.193	0.056	0.472	0.213	0.749	0.739	0.413
	N	7	7	7	7	7	7	7	7	7	7
桂三产产值比率	皮尔森相关	0.495	-0.814*	-0.558	1	-0.909**	-0.891**	0.984**	-0.898**	0.567	0.919**
	显著性（双向）	0.259	0.026	0.193		0.005	0.007	0.000	0.006	0.185	0.003
	N	7	7	7	7	7	7	7	7	7	7
西一产产值比率	皮尔森相关	-0.167	0.573	0.742	-0.909**	1	0.649	-0.856*	0.712	-0.489	-0.695
	显著性（双向）	0.720	0.179	0.056	0.005		0.115	0.014	0.073	0.265	0.083
	N	7	7	7	7	7	7	7	7	7	7

续表

		电子信息大类招生比率	桂一产产值比率	桂二产产值比率	桂三产产值比率	西一产产值比率	西二产产值比率	西三产产值比率	北一产产值比率	北二产产值比率	北三产产值比率
西二产产值比率	皮尔森相关	-0.691	0.841*	0.329	-0.891**	0.649	1	-0.948**	0.845*	-0.385	-0.989**
	显著性（双向）	0.086	0.018	0.472	0.007	0.115		0.001	0.017	0.394	0.000
	N	7	7	7	7	7	7	7	7	7	7
西三产产值比率	皮尔森相关	0.543	-0.807*	-0.538	0.984**	-0.856*	-0.948**	1	-0.870*	0.465	0.962**
	显著性（双向）	0.207	0.028	0.213	0.000	0.014	0.001		0.011	0.294	0.001
	N	7	7	7	7	7	7	7	7	7	7
北一产产值比率	皮尔森相关	-0.739	0.977**	0.150	-0.898**	0.712	0.845*	-0.870*	1	-0.809*	-0.871*
	显著性（双向）	0.058	0.000	0.749	0.006	0.073	0.017	0.011		0.028	0.011
	N	7	7	7	7	7	7	7	7	7	7
北二产产值比率	皮尔森相关	0.540	-0.792*	0.156	0.567	-0.489	-0.385	0.465	-0.809*	1	0.416
	显著性（双向）	0.211	0.034	0.739	0.185	0.265	0.394	0.294	0.028		0.353
	N	7	7	7	7	7	7	7	7	7	7
北三产产值比率	皮尔森相关	0.683	-0.848*	-0.371	0.919**	-0.695	-0.989**	0.962**	-0.871*	0.416	1
	显著性（双向）	0.091	0.016	0.413	0.003	0.083	0.000	0.001	0.011	0.353	
	N	7	7	7	7	7	7	7	7	7	7

注：** 表示相关性在 0.01 水平上显著（双向）；* 表示相关性在 0.05 水平上显著（双向）。

相关系数绝对值在 0.8~1.0 之间为高度相关，0.5~0.8 之间为中度相关，0.3~0.5 之间为低度相关，0.3 以下为弱相关。

表 4-20 高职财经商贸大类招生比率与广西区域产业产值比率之间相关系数

		财经商贸大类招生比率	桂一产产值比率	桂二产产值比率	桂三产产值比率	西一产产值比率	西二产产值比率	西三产产值比率	北一产产值比率	北二产产值比率	北三产产值比率
财经商贸大类招生比率	皮尔森相关	1	-0.595	-0.024	0.522	-0.299	-0.698	0.603	-0.586	0.240	0.693
	显著性（双向）		0.159	0.960	0.229	0.515	0.081	0.151	0.167	0.605	0.084
	N	7	7	7	7	7	7	7	7	7	7
桂一产产值比率	皮尔森相关	-0.595	1	-0.028	-0.814*	0.573	0.841*	-0.807*	0.977**	-0.792*	-0.848*
	显著性（双向）	0.159		0.953	0.026	0.179	0.018	0.028	0.000	0.034	0.016
	N	7	7	7	7	7	7	7	7	7	7
桂二产产值比率	皮尔森相关	-0.024	-0.028	1	-0.558	0.742	0.329	-0.538	0.150	0.156	-0.371
	显著性（双向）	0.960	0.953		0.193	0.056	0.472	0.213	0.749	0.739	0.413
	N	7	7	7	7	7	7	7	7	7	7
桂三产产值比率	皮尔森相关	0.522	-0.814*	-0.558	1	-0.909**	-0.891*	0.984**	-0.898**	0.567	0.919**
	显著性（双向）	0.229	0.026	0.193		0.005	0.007	0.000	0.006	0.185	0.003
	N	7	7	7	7	7	7	7	7	7	7
西一产产值比率	皮尔森相关	-0.299	0.573	0.742	-0.909**	1	0.649	-0.856*	0.712	-0.489	-0.695
	显著性（双向）	0.515	0.179	0.056	0.005		0.115	0.014	0.073	0.265	0.083
	N	7	7	7	7	7	7	7	7	7	7

续表

	财经商贸大类招生比率	桂一产产值比率	桂二产产值比率	桂三产产值比率	西一产产值比率	西二产产值比率	西三产产值比率	北一产产值比率	北二产产值比率	北三产产值比率
西二产产值比率 皮尔森相关	-0.698	0.841*	0.329	-0.891**	0.649	1	-0.948**	0.845*	-0.385	-0.989**
显著性（双向）	0.081	0.018	0.472	0.007	0.115		0.001	0.017	0.394	0.000
N	7	7	7	7	7	7	7	7	7	7
西三产产值比率 皮尔森相关	0.603	-0.807*	-0.538	0.984**	-0.856*	-0.948**	1	-0.870*	0.465	0.962**
显著性（双向）	0.151	0.028	0.213	0.000	0.014	0.001		0.011	0.294	0.001
N	7	7	7	7	7	7	7	7	7	7
北一产产值比率 皮尔森相关	-0.586	0.977**	0.150	-0.898**	0.712	0.845*	-0.870*	1	-0.809*	-0.871*
显著性（双向）	0.167	0.000	0.749	0.006	0.073	0.017	0.011		0.028	0.011
N	7	7	7	7	7	7	7	7	7	7
北二产产值比率 皮尔森相关	0.240	-0.792*	0.156	0.567	-0.489	-0.385	0.465	-0.809*	1	0.416
显著性（双向）	0.605	0.034	0.739	0.185	0.265	0.394	0.294	0.028		0.353
N	7	7	7	7	7	7	7	7	7	7
北三产产值比率 皮尔森相关	0.693	-0.848*	-0.371	0.919**	-0.695	-0.989**	0.962**	-0.871*	0.416	1
显著性（双向）	0.084	0.016	0.413	0.003	0.083	0.000	0.001	0.011	0.353	
N	7	7	7	7	7	7	7	7	7	7

注：** 表示相关性在 0.01 水平上显著（双向）；* 表示相关性在 0.05 水平上显著（双向）。

相关系数绝对值在 0.8~1.0 之间为高度相关，0.5~0.8 之间为中度相关，0.3~0.5 之间为低度相关，0.3 以下为弱相关。

表 4-21　高职医药卫生大类招生比率与广西区域产业值比率之间相关系数

		医药卫生大类招生比率	桂一产产值比率	桂二产产值比率	桂三产产值比率	西一产产值比率	西二产产值比率	西三产产值比率	北一产产值比率	北二产产值比率	北三产产值比率
医药卫生大类招生比率	皮尔森相关	1	-0.623	0.291	0.362	-0.076	-0.628	0.457	-0.542	0.291	0.585
	显著性（双向）		0.135	0.526	0.425	0.872	0.131	0.302	0.209	0.527	0.168
	N	7	7	7	7	7	7	7	7	7	7
桂一产产值比率	皮尔森相关	-0.623	1	-0.028	-0.814*	0.573	0.841*	-0.807*	0.977**	-0.792*	-0.848*
	显著性（双向）	0.135		0.953	0.026	0.179	0.018	0.028	0.000	0.034	0.016
	N	7	7	7	7	7	7	7	7	7	7
桂二产产值比率	皮尔森相关	0.291	-0.028	1	-0.558	0.742	0.329	-0.538	0.150	0.156	-0.371
	显著性（双向）	0.526	0.953		0.193	0.056	0.472	0.213	0.749	0.739	0.413
	N	7	7	7	7	7	7	7	7	7	7
桂三产产值比率	皮尔森相关	0.362	-0.814*	-0.558	1	-0.909**	-0.891**	0.984**	-0.898**	0.567	0.919**
	显著性（双向）	0.425	0.026	0.193		0.005	0.007	0.000	0.006	0.185	0.003
	N	7	7	7	7	7	7	7	7	7	7
西一产产值比率	皮尔森相关	-0.076	0.573	0.742	-0.909**	1	0.649	-0.856*	0.712	-0.489	-0.695
	显著性（双向）	0.872	0.179	0.056	0.005		0.115	0.014	0.073	0.265	0.083
	N	7	7	7	7	7	7	7	7	7	7

续表

		医药卫生大类招生比率	桂一产产值比率	桂二产产值比率	桂三产产值比率	西一产产值比率	西二产产值比率	西三产产值比率	北一产产值比率	北二产产值比率	北三产产值比率
西二产产值比率	皮尔森相关	-0.628	0.841*	0.329	-0.891**	0.649	1	-0.948**	0.845*	-0.385	-0.989**
	显著性（双向）	0.131	0.018	0.472	0.007	0.115		0.001	0.017	0.394	0.000
	N	7	7	7	7	7	7	7	7	7	7
西三产产值比率	皮尔森相关	0.457	-0.807*	-0.538	0.984**	-0.856*	-0.948**	1	-0.870*	0.465	0.962**
	显著性（双向）	0.302	0.028	0.213	0.000	0.014	0.001		0.011	0.294	0.001
	N	7	7	7	7	7	7	7	7	7	7
北一产产值比率	皮尔森相关	-0.542	0.977**	0.150	-0.898**	0.712	0.845*	-0.870*	1	-0.809*	-0.871*
	显著性（双向）	0.209	0.000	0.749	0.006	0.073	0.017	0.011		0.028	0.011
	N	7	7	7	7	7	7	7	7	7	7
北二产产值比率	皮尔森相关	0.291	-0.792*	0.156	0.567	-0.489	-0.385	0.465	-0.809*	1	0.416
	显著性（双向）	0.527	0.034	0.739	0.185	0.265	0.394	0.294	0.028		0.353
	N	7	7	7	7	7	7	7	7	7	7
北三产产值比率	皮尔森相关	0.585	-0.848*	-0.371	0.919**	-0.695	-0.989**	0.962**	-0.871*	0.416	1
	显著性（双向）	0.168	0.016	0.413	0.003	0.083	0.000	0.001	0.011	0.353	
	N	7	7	7	7	7	7	7	7	7	7

注：** 表示相关性在 0.01 水平上显著（双向）；* 表示相关性在 0.05 水平上显著（双向）。

相关系数绝对值在 0.8~1.0 之间为高度相关，0.5~0.8 之间为中度相关，0.3~0.5 之间为低度相关，0.3 以下为弱相关。

表 4-22 高职旅游大类招生比率与广西区域产业产值比率之间相关系数

		旅游大类招生比率	桂一产产值比率	桂二产产值比率	桂三产产值比率	西一产产值比率	西二产产值比率	西三产产值比率	北一产产值比率	北二产产值比率	北三产产值比率
旅游大类招生比率	皮尔森相关	1	-0.759*	0.096	0.580	-0.274	-0.731	0.621	-0.742	0.478	0.743
	显著性（双向）		0.048	0.838	0.172	0.553	0.062	0.136	0.056	0.278	0.056
	N	7	7	7	7	7	7	7	7	7	7
桂一产产值比率	皮尔森相关	-0.759*	1	-0.028	-0.814*	0.573	0.841*	-0.807*	0.977**	-0.792*	-0.848*
	显著性（双向）	0.048		0.953	0.026	0.179	0.018	0.028	0.000	0.034	0.016
	N	7	7	7	7	7	7	7	7	7	7
桂二产产值比率	皮尔森相关	0.096	-0.028	1	-0.558	0.742	0.329	-0.538	0.150	0.156	-0.371
	显著性（双向）	0.838	0.953		0.193	0.056	0.472	0.213	0.749	0.739	0.413
	N	7	7	7	7	7	7	7	7	7	7
桂三产产值比率	皮尔森相关	0.580	-0.814*	-0.558	1	-0.909**	-0.891**	0.984**	-0.898**	0.567	0.919**
	显著性（双向）	0.172	0.026	0.193		0.005	0.007	0.000	0.006	0.185	0.003
	N	7	7	7	7	7	7	7	7	7	7
西一产产值比率	皮尔森相关	-0.274	0.573	0.742	-0.909**	1	0.649	-0.856*	0.712	-0.489	-0.695
	显著性（双向）	0.553	0.179	0.056	0.005		0.115	0.014	0.073	0.265	0.083
	N	7	7	7	7	7	7	7	7	7	7

续表

		旅游大类招生比率	桂一产产值比率	桂二产产值比率	桂三产产值比率	西一产产值比率	西二产产值比率	西三产产值比率	北一产产值比率	北二产产值比率	北三产产值比率
西二产产值比率	皮尔森相关	-0.731	0.841*	0.329	-0.891**	0.649	1	-0.948**	0.845*	-0.385	-0.989**
	显著性（双向）	0.062	0.018	0.472	0.007	0.115		0.001	0.017	0.394	0.000
	N	7	7	7	7	7		7	7	7	7
西三产产值比率	皮尔森相关	0.621	-0.807*	-0.538	0.984**	-0.856*	-0.948**	1	-0.870*	0.465	0.962**
	显著性（双向）	0.136	0.028	0.213	0.000	0.014	0.001		0.011	0.294	0.001
	N	7	7	7	7	7	7		7	7	7
北一产产值比率	皮尔森相关	-0.742	0.977**	0.150	-0.898**	0.712	0.845*	-0.870*	1	-0.809*	-0.871*
	显著性（双向）	0.056	0.000	0.749	0.006	0.073	0.017	0.011		0.028	0.011
	N	7	7	7	7	7	7	7		7	7
北二产产值比率	皮尔森相关	0.478	-0.792*	0.156	0.567	-0.489	-0.385	0.465	-0.809*	1	0.416
	显著性（双向）	0.278	0.034	0.739	0.185	0.265	0.394	0.294	0.028		0.353
	N	7	7	7	7	7	7	7	7		7
北三产产值比率	皮尔森相关	0.743	-0.848*	-0.371	0.919**	-0.695	-0.989**	0.962**	-0.871*	0.416	1
	显著性（双向）	0.056	0.016	0.413	0.003	0.083	0.000	0.001	0.011	0.353	
	N	7	7	7	7	7	7	7	7	7	

注：** 表示相关性在 0.01 水平上显著（双向）；* 表示相关性在 0.05 水平上显著（双向）。
相关系数绝对值在 0.8~1.0 之间为高度相关，0.5~0.8 之间为中度相关，0.3~0.5 之间为低度相关，0.3 以下为弱相关。

4.5.2 广西高职专业结构与产业结构、就业结构的偏离度分析

本研究分别采用广西产业结构与就业结构、广西产业结构与专业结构之间的偏离度来反映产业结构与专业结构之间的适应性情况。

（1）第一产业 C-J 平均结构性偏离度：

$$\frac{产业产值比率}{就业比率} - 1 = \frac{0.157}{0.518} - 1 = -0.7$$

第一产业 C-J 平均结构性偏离度为 -0.7，负值说明第一产业产值增加比率低于就业人口增加比率，即第一产业就业人口持续降低。

（2）第二产业 C-J 平均结构性偏离度：

$$\frac{产业产值比率}{就业比率} - 1 = \frac{0.469}{0.185} - 1 = 1.535$$

第二产业 C-J 平均结构偏离度为 1.535，说明第二产业产值增加比率高于就业人口增加比率，并且第二产业仍有吸收大量劳动力的趋势。同时 C-J 结构性偏离度比较稳定，最高值、最低值与平均值相差不到 0.1%。从 2014 年以来，C-J 结构性偏离度呈持续上升趋势，这表明第二产业吸纳剩余劳动力的能力还在不断增强，同时专业结构对产业结构的适应性得到明显提升。

（3）第三产业 C-J 平均结构性偏离度：

$$\frac{产业产值比率}{就业比率} - 1 = \frac{0.376}{0.299} - 1 = 0.258$$

第三产业 C-J 平均结构性偏离度为正，C-J 值 0.258 更接近 1，偏离度较小，表明第三产业产值比重不断增长的背景下吸收了大量的就业人口，且结构稳定性较好。

（4）第一产业 C-Z 平均结构性偏离度：

$$\frac{产业产值比率}{专业招生比率} - 1 = \frac{0.157}{0.018} - 1 = 7.722$$

第一产业 C-Z 平均结构性偏离度为 7.722，这一数据说明第一产业对应的专业大类招生比率下降得很快，但是 2014 年以来，

其招生比率有小幅度上升。第一产业 C-Z 平均结构性偏离度呈下降趋势，但第一产业就业人口数量最大，说明第一产业劳动生产率很低。

（5）第二产业 C-Z 平均结构性偏离度：

$$\frac{产业产值比率}{专业招生比率} - 1 = \frac{0.469}{0.317} - 1 = 0.48$$

第二产业 C-Z 值为 0.48，说明第二产业在产业结构中占主导地位，从数量上看，高职专业大类招生基本适应产业发展需求。2013 年以来，第二产业 C-Z 值存在增长趋势，说明第二产业发展对人才需求依然旺盛。

（6）第三产业 C-Z 平均结构性偏离度：

$$\frac{产业产值比率}{专业招生比率} - 1 = \frac{0.376}{0.663} - 1 = -0.433$$

第三产业 C-Z 值为负值，说明广西第三产业产值增长率低于专业招生增长率。结合表 4-4 数据，2011—2017 年，第三产业产值占总产值 1/3 左右，对应第三产业的专业大类招生比率超过了 2/3，近年来，第三产业对应的部分专业出现招生过热现象。结合表 4-3 数据，招生人数最多的十大专业中，第三产业相关专业占了 7 个。

4.5.3　广西高职教育经费投入与广西经济增长之间的因果关系

1. 分析样本和指标

为分析广西高职教育经费投入与经济增长的关系，本研究选取 2007—2016 年作为分析的样本期，把高职教育经费投入年增长率与地区生产总值增长率作为分析变量，分别用 GZTR 和 GXGDP 来表示，分析所需要的基础数据来源于《广西统计年鉴 2017》《中国职业教育经费统计年鉴 2017》。具体见表 4-23。

表 4-23 广西生产总值与广西高职教育经费投入增长情况数据表

年份	广西生产总值/亿元	广西生产总值增长率	广西高职教育经费投入/亿元	广西高职教育经费投入增长率
2007	5835.33	0.153	10.558	-0.067
2008	7038.88	0.129	19.0561	0.805
2009	7784.98	0.140	22.8168	0.198
2010	9604.01	0.143	27.5248	0.207
2011	11764.97	0.123	33.6867	0.224
2012	13090.04	0.113	36.9976	0.090
2013	14511.7	0.102	38.2845	0.035
2014	15742.62	0.085	42.7855	0.118
2015	16870.04	0.081	49.7869	0.164
2016	18317.64	0.073	50.1210	0.007

2. 格兰杰因果关系检验结果

首先用 SPSS 的 Pearson 检验二者之间是否存在相关性（表 4-24）。

表 4-24 广西生产总值增长率与广西高职教育经费投入增长率之间相关系数

		广西生产总值增长率	广西高职教育经费投入增长率
广西生产总值增长率	皮尔森相关	1	0.986**
	显著性（双向）		0.000
	N	10	10
广西高职教育经费投入增长率	皮尔森相关	0.986**	1
	显著性（双向）	0.000	
	N	10	10

注：** 表示相关性在 0.01 水平上显著（双向）。

相关系数绝对值在 0.8~1.0 之间为高度相关，0.5~0.8 之间为中度相关，0.3~0.5 之间为低度相关，0.3 以下为弱相关。

从相关系数 0.986 得出,广西高职教育经费投入与经济增长之间存在高度相关性。

然后检验二者是否存在因果关系。格兰杰因果关系检验需要经过三个步骤:检验变量的平稳性、检验变量间的协整型、对变量间的因果关系进行检验。

格兰杰因果关系检验必须在满足假定时间序列是平稳的前提下才能进行因果分析,然而大多数时间序列是非平稳的,在非平稳的情况下做出的因果关系检验结果是无效的,协整理论恰好能够解决这一问题。根据表 4-23 中广西高职教育经费投入和经济增长数据,运用 Eview 软件对数据进行运动迹检验(trace test)和最大特征根检验(max - eigenvalue test)两种方法的协整检验,检验结果见表 4-25 和表 4-26。

表 4-25　运动迹检验方法的协整检验结果

假设协整方程数量	特征值	运动迹统计量	0.05 水平下临界值	P 值**
没有*	0.924 055	22.300 8	15.494 71	0.004 0
一个以上	0.189 306	1.678 914	3.841 466	0.195 1

注:运动迹检验显示在 5% 显著性水平下存在 1 个协整方程。

* 表示 5% 显著性水平下拒绝原假设。

** 表示 P 值即概率,一般以 $P<0.05$ 为有统计学差异,$P<0.01$ 为有显著统计学差异。

表 4-26　最大特征根检验方法的协整检验结果

假设协整方程数量	特征值	最大特征根统计量	0.05 水平下临界值	P 值**
没有*	0.924 055	22.621 96	14.264 60	0.004 3
一个以上	0.189 306	1.678 914	3.841 466	0.195 1

注:最大特征根检验显示在 5% 显著性水平下存在 1 个协整方程。

* 表示 5% 显著性水平下拒绝原假设。

** 表示 P 值即概率,一般以 $P<0.05$ 为有统计学差异,$P<0.01$ 为有显著统计学差异。

根据表 4-25 和表 4-26 检验结果显示，在 0.05 显著水平下，运动迹检验和最大特征根检验都拒绝协整方程数量为 0，即职业教育经费投入与经济增长之间存在一个协整方程，两者之间的关系是协整的，满足因果检验的前提条件。然后，根据表 4-23 的统计数据对广西高职教育经费投入和经济增长进行格兰杰因果检验，结果如表 4-27 所示。

表 4-27　广西经济增长与广西高职教育经费投入增长之间的格兰杰因果关系

原假设	观测值	F 检验统计量	P 值
广西经济增长不是广西高职教育经费投入增长的原因	8	0.549 19	0.626 3
广西高职教育经费投入增长不是广西经济增长的原因	8	22.925 8	0.015 2

注：F 检验即联合假设检验，P 值是在 0.05 显著水平下的检验结果。

P 值 0.626 3 大于 0.05，接受原假设，即广西经济增长不是广西高职教育经费投入增长的原因；P 值 0.015 2 小于 0.05，拒绝原假设，即广西高职教育经费投入的增长是广西生产总值增长的原因。

4.6　广西中职学校专业结构与产业结构适应性分析

4.6.1　广西中职学校专业结构与产业结构相关性分析

1. 研究假设

基于专业大类招生比率与对应产业地区生产总值比率做相关性分析，提出以下假设。

（1）H_0：中职专业招生比率与对应产业地区生产总值比率存在相关性，$VS\ H_1$：中职专业招生比率与对应产业地区生产总值比率不存在相关性。

（2）H_0：中职专业招生比率与对应产业就业人口比率存在相关性，VS H_1：中职专业招生比率与对应产业就业人口比率不存在相关性。

根据《广西统计年鉴2017》《中国职业教育经费统计年鉴2017》等，对2006—2016年广西中职专业招生比率与产业产值比率、就业比率数据的统计情况见表4-28。

2. 三次产业产值比率、就业比率与招生比率之间的相关性

运用Spearman的Rho（r）即斯皮尔曼秩相关对三次产业的招生比率、产业产值和就业比率三个指标之间的相关性进行检验，表4-29为输出结果。

分析表4-29得知：

（1）一产招生比率与一产产值相关系数是-0.650，呈中等程度负相关；与二产产值比率相关系数是0.863，呈高等程度正相关；与二产就业比率相关系数是0.845，呈高等程度正相关；与三产就业比率相关系数是-0.766，呈中等程度负相关。

（2）二产招生比率与一产产值比率之间相关系数是0.929，呈高等程度正相关；与一产就业比率相关系数是0.916，呈高等程度正相关；与二产就业比率相关系数是-0.688，呈中等程度负相关。

（3）三产招生比率与三产产值比率之间相关系数是0.796，呈中等程度正相关；与三产就业比率相关系数是0.680，呈中等程度正相关；与一产就业比率相关系数是-0.713，呈中等程度负相关。

3. 中职农林牧渔大类招生比率与三次产业产值比率、就业比率之间的相关性

运用Spearman的Rho（r）即斯皮尔曼秩相关对农林牧渔大类招生比率与对应产业产值比率、就业比率之间相关性进行检验，表4-30为输出结果。

表 4-28　2006—2016 年广西中职专业招生比率与产业产值比率、就业比率数据表

年份	一产产值比率	二产产值比率	三产产值比率	一产招生比率	二产招生比率	三产招生比率	一产就业比率	二产就业比率	三产就业比率
2006	0.218	0.396	0.387	0.041	0.296	0.662	0.551	0.121	0.328
2007	0.213	0.417	0.370	0.035	0.293	0.671	0.549	0.151	0.300
2008	0.207	0.433	0.360	0.039	0.280	0.682	0.546	0.152	0.302
2009	0.187	0.437	0.376	0.095	0.243	0.662	0.548	0.181	0.271
2010	0.174	0.472	0.353	0.119	0.266	0.615	0.541	0.187	0.271
2011	0.174	0.485	0.341	0.120	0.251	0.628	0.533	0.191	0.276
2012	0.166	0.480	0.354	0.114	0.234	0.653	0.535	0.188	0.277
2013	0.158	0.467	0.375	0.103	0.230	0.668	0.531	0.190	0.279
2014	0.153	0.469	0.378	0.097	0.211	0.692	0.519	0.193	0.288
2015	0.152	0.460	0.388	0.096	0.193	0.711	0.506	0.182	0.312
2016	0.153	0.451	0.396	0.052	0.193	0.762	0.501	0.176	0.323
平均	0.178	0.452	0.370	0.083	0.244	0.673	0.533	0.174	0.293

注：数据根据"广西统计年鉴 2006—2017 年"公布的相关数据统计而成。

表 4-29 中职教育三次产业的招生率与产业产值比率、就业比率之间相关系数

		一产招生比率	二产招生比率	三产招生比率	一产产值比率	二产产值比率	三产产值比率	一产就业比率	二产就业比率	三产就业比率
一产招生比率	皮尔森相关	1	-0.418	-0.477	-0.650*	0.863**	-0.475	-0.198	0.845**	-0.766**
	显著性(双向)		0.201	0.138	0.031	0.001	0.140	0.560	0.001	0.006
	N	11	11	11	11	11	11	11	11	11
二产招生比率	皮尔森相关	-0.418	1	-0.598	0.929**	-0.587	-0.397	0.916**	-0.688*	-0.010
	显著性(双向)	0.201		0.052	0.000	0.057	0.227	0.000	0.019	0.977
	N	11	11	11	11	11	11	11	11	11
三产招生比率	皮尔森相关	-0.477	-0.598	1	-0.330	-0.185	0.796**	-0.713*	-0.075	0.680*
	显著性(双向)	0.138	0.052		0.322	0.585	0.003	0.014	0.827	0.021
	N	11	11	11	11	11	11	11	11	11
一产产值比率	皮尔森相关	-0.650*	0.929**	-0.330	1	-0.804**	-0.140	0.839**	-0.849**	0.234
	显著性(双向)	0.031	0.000	0.322		0.003	0.681	0.001	0.001	0.489
	N	11	11	11	11	11	11	11	11	11
二产产值比率	皮尔森相关	0.863**	-0.587	-0.185	-0.804**	1	-0.477	-0.471	0.929**	-0.630*
	显著性(双向)	0.001	0.057	0.585	0.003		0.138	0.143	0.000	0.038
	N	11	11	11	11	11	11	11	11	11

第 4 章 实证研究

续表

		一产招生比率	二产招生比率	三产招生比率	一产产值比率	二产产值比率	三产产值比率	一产就业比率	二产就业比率	三产就业比率
三产产值比率	皮尔森相关（双向）	-0.475	-0.397	0.796**	-0.140	-0.477	1	-0.455	-0.296	0.706*
	显著性（双向）	0.140	0.227	0.003	0.681	0.138		0.160	0.378	0.015
	N	11	11	11	11	11	11	11	11	11
一产就业比率	皮尔森相关（双向）	-0.198	0.916**	-0.713*	0.839**	-0.471	-0.455	1	-0.494	-0.292
	显著性（双向）	0.560	0.000	0.014	0.001	0.143	0.160		0.123	0.384
	N	11	11	11	11	11	11	11	11	11
二产就业比率	皮尔森相关（双向）	0.845**	-0.688*	-0.075	-0.849**	0.929**	-0.296	-0.494	1	-0.688*
	显著性（双向）	0.001	0.019	0.827	0.001	0.000	0.378	0.123		0.019
	N	11	11	11	11	11	11	11	11	11
三产就业比率	皮尔森相关（双向）	-0.766**	-0.010	0.680*	0.234	-0.630*	0.706*	-0.292	-0.688*	1
	显著性（双向）	0.006	0.977	0.021	0.489	0.038	0.015	0.384	0.019	
	N	11	11	11	11	11	11	11	11	11

注：** 表示相关性在 0.01 水平上显著（双向）；* 表示相关性在 0.05 水平上显著（双向）。
相关系数绝对值在 0.8～1.0 之间为高度相关，0.5～0.8 之间为中度相关，0.3～0.5 之间为低度相关，0.3 以下为弱相关。

表4-30 中职农林牧渔大类招生比率与三次产业产值比率、就业比率之间相关系数

		农招生比率	一产产值比率	二产产值比率	三产产值比率	一产就业比率	二产就业比率	三产就业比率
农招生比率	皮尔森相关	1	-0.657*	0.862**	-0.462	-0.210	0.847**	-0.757**
	显著性(双向)		0.028	0.001	0.153	0.536	0.001	0.007
	N	11	11	11	11	11	11	11
一产产值比率	皮尔森相关	-0.657*	1	-0.804**	-0.140	0.839**	-0.849**	0.234
	显著性(双向)	0.028		0.003	0.681	0.001	0.001	0.489
	N	11	11	11	11	11	11	11
二产产值比率	皮尔森相关	0.862**	-0.804**	1	-0.477	-0.471	0.929**	-0.630*
	显著性(双向)	0.001	0.003		0.138	0.143	0.000	0.038
	N	11	11	11	11	11	11	11
三产产值比率	皮尔森相关	-0.462	-0.140	-0.477	1	-0.455	-0.296	0.706*
	显著性(双向)	0.153	0.681	0.138		0.160	0.378	0.015
	N	11	11	11	11	11	11	11
一产就业比率	皮尔森相关	-0.210	0.839**	-0.471	-0.455	1	-0.494	-0.292
	显著性(双向)	0.536	0.001	0.143	0.160		0.123	0.384
	N	11	11	11	11	11	11	11
二产就业比率	皮尔森相关	0.847**	-0.849**	0.929**	-0.296	-0.494	1	-0.688*
	显著性(双向)	0.001	0.001	0.000	0.378	0.123		0.019
	N	11	11	11	11	11	11	11
三产就业比率	皮尔森相关	-0.757**	0.234	-0.630*	0.706*	-0.292	-0.688*	1
	显著性(双向)	0.007	0.489	0.038	0.015	0.384	0.019	
	N	11	11	11	11	11	11	11

注：** 表示相关性在0.01水平上显著（双向）；* 表示相关性在0.05水平上显著（双向）。相关系数绝对值在0.8~1.0之间为高度相关，0.5~0.8之间为中度相关，0.3~0.5之间为低度相关，0.3以下为弱相关。

分析表4-30得知：农林牧渔大类比率与二产产值比率、二产就业比率之间相关系数分别是0.862、0.847，呈高等程度正相关；与三产就

业比率相关系数是 -0.757, 呈中等程度负相关。

分析表 4-31 得知: 资源大类招生比率与三次产业产值比率、就业比率之间均不存在相关性。

表 4-31 中职资源大类招生比率与三次产业产值比率、就业比率之间相关系数

		资招生比率	一产产值比率	二产产值比率	三产产值比率	一产就业比率	二产就业比率	三产就业比率
资招生比率	皮尔森相关	1	0.561	-0.354	-0.242	0.462	-0.416	0.074
	显著性(双向)		0.072	0.285	0.474	0.153	0.203	0.829
	N	11	11	11	11	11	11	11
一产产值比率	皮尔森相关	0.561	1	-0.804**	-0.140	0.839**	-0.849**	0.234
	显著性(双向)	0.072		0.003	0.681	0.001	0.001	0.489
	N	11	11	11	11	11	11	11
二产产值比率	皮尔森相关	-0.354	-0.804**	1	-0.477	-0.471	0.929**	-0.630*
	显著性(双向)	0.285	0.003		0.138	0.143	0.000	0.038
	N	11	11	11	11	11	11	11
三产产值比率	皮尔森相关	-0.242	-0.140	-0.477	1	-0.455	-0.296	0.706*
	显著性(双向)	0.474	0.681	0.138		0.160	0.378	0.015
	N	11	11	11	11	11	11	11
一产就业比率	皮尔森相关	0.462	0.839**	-0.471	-0.455	1	-0.494	-0.292
	显著性(双向)	0.153	0.001	0.143	0.160		0.123	0.384
	N	11	11	11	11	11	11	11
二产就业比率	皮尔森相关	-0.416	-0.849**	0.929**	-0.296	-0.494	1	-0.688*
	显著性(双向)	0.203	0.001	0.000	0.378	0.123		0.019
	N	11	11	11	11	11	11	11
三产就业比率	皮尔森相关	0.074	0.234	-0.630*	0.706*	-0.292	-0.688*	1
	显著性(双向)	0.829	0.489	0.038	0.015	0.384	0.019	
	N	11	11	11	11	11	11	11

注: ** 表示相关性在 0.01 水平上显著 (双向); * 表示相关性在 0.05 水平上显著 (双向)。相关系数绝对值在 0.8~1.0 之间为高度相关, 0.5~0.8 之间为中度相关, 0.3~0.5 之间为低度相关, 0.3 以下为弱相关。

分析表 4-32 得知:能源大类招生比率与三次产业产值比率、就业比率之间均不存在相关性。

表 4-32 中职能源大类招生比率与三次产业产值比率、就业比率之间相关系数

		能招生比率	一产产值比率	二产产值比率	三产产值比率	一产就业比率	二产就业比率	三产就业比率
能招生比率	皮尔森相关	1	0.419	-0.044	-0.535	0.508	-0.250	-0.147
	显著性(双向)		0.199	0.898	0.090	0.110	0.458	0.667
	N	11	11	11	11	11	11	11
一产产值比率	皮尔森相关	0.419	1	-0.804**	-0.140	0.839**	-0.849**	0.234
	显著性(双向)	0.199		0.003	0.681	0.001	0.001	0.489
	N	11	11	11	11	11	11	11
二产产值比率	皮尔森相关	-0.044	-0.804**	1	-0.477	-0.471	0.929**	-0.630*
	显著性(双向)	0.898	0.003		0.138	0.143	0.000	0.038
	N	11	11	11	11	11	11	11
三产产值比率	皮尔森相关	-0.535	-0.140	-0.477	1	-0.455	-0.296	0.706*
	显著性(双向)	0.090	0.681	0.138		0.160	0.378	0.015
	N	11	11	11	11	11	11	11
一产就业比率	皮尔森相关	0.508	0.839**	-0.471	-0.455	1	-0.494	-0.292
	显著性(双向)	0.110	0.001	0.143	0.160		0.123	0.384
	N	11	11	11	11	11	11	11
二产就业比率	皮尔森相关	-0.250	-0.849**	0.929**	-0.296	-0.494	1	-0.688*
	显著性(双向)	0.458	0.001	0.000	0.378	0.123		0.019
	N	11	11	11	11	11	11	11
三产就业比率	皮尔森相关	-0.147	0.234	-0.630*	0.706*	-0.292	-0.688*	1
	显著性(双向)	0.667	0.489	0.038	0.015	0.384	0.019	
	N	11	11	11	11	11	11	11

注:** 表示相关性在 0.01 水平上显著(双向);* 表示相关性在 0.05 水平上显著(双向)。相关系数绝对值在 0.8~1.0 之间为高度相关,0.5~0.8 之间为中度相关,0.3~0.5 之间为低度相关,0.3 以下为弱相关。

分析表 4-33 得知：土木建筑大类招生比率与一产产值比率、一产就业比率相关系数分别是 -0.903、-0.870，呈高等程度负相关；与建筑业产值比率相关系数是 0.958，呈高等程度正相关。

表 4-33　中职土木建筑大类招生比率与三次产业产值比率、就业比率之间相关系数

		土建招生比率	一产产值比率	二产产值比率	三产产值比率	一产就业比率	二产就业比率	三产就业比率	建筑业产值比率
土建招生比率	皮尔森相关	1	-0.903**	0.592	0.353	-0.870**	0.594	0.074	0.958**
	显著性(双向)		0.000	0.055	0.287	0.001	0.054	0.829	0.000
	N	11	11	11	11	11	11	11	11
一产产值比率	皮尔森相关	-0.903**	1	-0.804**	-0.140	0.839**	-0.849**	0.234	-0.975**
	显著性(双向)	0.000		0.003	0.681	0.001	0.001	0.489	0.000
	N	11	11	11	11	11	11	11	11
二产产值比率	皮尔森相关	0.592	-0.804**	1	-0.477	-0.471	0.929**	-0.630*	0.681*
	显著性(双向)	0.055	0.003		0.138	0.143	0.000	0.038	0.021
	N	11	11	11	11	11	11	11	11
三产产值比率	皮尔森相关	0.353	-0.140	-0.477	1	-0.455	-0.296	0.706*	0.309
	显著性(双向)	0.287	0.681	0.138		0.160	0.378	0.015	0.355
	N	11	11	11	11	11	11	11	11
一产就业比率	皮尔森相关	-0.870**	0.839**	-0.471	-0.455	1	-0.494	-0.292	-0.871**
	显著性(双向)	0.001	0.001	0.143	0.160		0.123	0.384	0.000
	N	11	11	11	11	11	11	11	11
二产就业比率	皮尔森相关	0.594	-0.849**	0.929**	-0.296	-0.494	1	-0.688*	0.737**
	显著性(双向)	0.054	0.001	0.000	0.378	0.123		0.019	0.010
	N	11	11	11	11	11	11	11	11
三产就业比率	皮尔森相关	0.074	0.234	-0.630*	0.706*	-0.292	-0.688*	1	-0.083
	显著性(双向)	0.829	0.489	0.038	0.015	0.384	0.019		0.809
	N	11	11	11	11	11	11	11	11

续表

		土建招生比率	一产产值比率	二产产值比率	三产产值比率	一产就业比率	二产就业比率	三产就业比率	建筑业产值比率
建筑业产值比率	皮尔森相关	0.958**	-0.975**	0.681*	0.309	-0.871**	0.737**	-0.083	1
	显著性(双向)	0.000	0.000	0.021	0.355	0.000	0.010	0.809	
	N	11	11	11	11	11	11	11	11

注：** 表示相关性在 0.01 水平上显著（双向）；* 表示相关性在 0.05 水平上显著（双向）。相关系数绝对值在 0.8~1.0 之间为高度相关，0.5~0.8 之间为中度相关，0.3~0.5 之间为低度相关，0.3 以下为弱相关。

分析表 4-34 得知：加工制造大类招生比率与一产产值比率、一产就业比率相关系数分别是 0.957、0.915，呈高等程度正相关；与二产产值比率、二产就业比率相关系数分别是 -0.686、-0.738，呈中等程度负相关；与工业产值比率之间不存在相关性。

表 4-34 中职加工制造大类招生比率与三次产业产值比率、就业比率之间相关系数

		加工制造招生比率	一产产值比率	二产产值比率	三产产值比率	一产就业比率	二产就业比率	三产就业比率	工业产值比率
加工制造招生比率	皮尔森相关	1	0.957**	-0.686*	-0.275	0.915**	-0.738**	0.046	-0.468
	显著性(双向)		0.000	0.020	0.414	0.000	0.010	0.894	0.147
	N	11	11	11	11	11	11	11	11
一产产值比率	皮尔森相关	0.957**	1	-0.804**	-0.140	0.839**	-0.849**	0.234	-0.607*
	显著性(双向)	0.000		0.003	0.681	0.001	0.001	0.489	0.048
	N	11	11	11	11	11	11	11	11
二产产值比率	皮尔森相关	-0.686*	-0.804**	1	-0.477	-0.471	0.929**	-0.630*	0.959**
	显著性(双向)	0.020	0.003		0.138	0.143	0.000	0.038	0.000
	N	11	11	11	11	11	11	11	11
三产产值比率	皮尔森相关	-0.275	-0.140	-0.477	1	-0.455	-0.296	0.706*	-0.699*
	显著性(双向)	0.414	0.681	0.138		0.160	0.378	0.015	0.017
	N	11	11	11	11	11	11	11	11

续表

		加工制造招生比率	一产产值比率	二产产值比率	三产产值比率	一产就业比率	二产就业比率	三产就业比率	工业产值比率
一产就业比率	皮尔森相关	0.915**	0.839**	-0.471	-0.455	1	-0.494	-0.292	-0.246
	显著性(双向)	0.000	0.001	0.143	0.160		0.123	0.384	0.467
	N	11	11	11	11	11	11	11	11
二产就业比率	皮尔森相关	-0.738**	-0.849**	0.929**	-0.296	-0.494	1	-0.688*	0.853**
	显著性(双向)	0.010	0.001	0.000	0.378	0.123		0.019	0.001
	N	11	11	11	11	11	11	11	11
三产就业比率	皮尔森相关	0.046	0.234	-0.630*	0.706*	-0.292	-0.688*	1	-0.734*
	显著性(双向)	0.894	0.489	0.038	0.015	0.384	0.019		0.010
	N	11	11	11	11	11	11	11	11
工业产值比率	皮尔森相关	-0.468	-0.607*	0.959**	-0.699*	-0.246	0.853**	-0.734*	1
	显著性(双向)	0.147	0.048	0.000	0.017	0.467	0.001	0.010	
	N	11	11	11	11	11	11	11	11

注：** 表示相关性在 0.01 水平上显著（双向）；* 表示相关性在 0.05 水平上显著（双向）。相关系数绝对值在 0.8~1.0 之间为高度相关，0.5~0.8 之间为中度相关，0.3~0.5 之间为低度相关，0.3 以下为弱相关。

分析表 4-35 得知：交通运输大类招生比率与一产产值比率、一产就业比率之间相关系数分别是 -0.969、-0.895，呈高等程度负相关；与二产产值比率、二产就业比率之间相关系数分别是 0.675、0.756，呈中等程度正相关。

表 4-35 中职交通运输大类招生比率与三次产业产值比率、就业比率之间相关系数

		交通运输招生比率	一产产值比率	二产产值比率	三产产值比率	一产就业比率	二产就业比率	三产就业比率	交通产值比率
交通运输招生比率	皮尔森相关	1	-0.969**	0.675*	0.310	-0.895**	0.756**	-0.082	-0.333
	显著性(双向)		0.000	0.023	0.353	0.000	0.007	0.810	0.317
	N	11	11	11	11	11	11	11	11

续表

		交通运输招生比率	一产产值比率	二产产值比率	三产产值比率	一产就业比率	二产就业比率	三产就业比率	交通产值比率
一产产值比率	皮尔森相关	-0.969**	1	-0.804**	-0.140	0.839**	-0.849**	0.234	0.210
	显著性（双向）	0.000		0.003	0.681	0.001	0.001	0.489	0.535
	N	11	11	11	11	11	11	11	11
二产产值比率	皮尔森相关	0.675*	-0.804**	1	-0.477	-0.471	0.929**	-0.630*	0.048
	显著性（双向）	0.023	0.003		0.138	0.143	0.000	0.038	0.888
	N	11	11	11	11	11	11	11	11
三产产值比率	皮尔森相关	0.310	-0.140	-0.477	1	-0.455	-0.296	0.706*	-0.388
	显著性（双向）	0.353	0.681	0.138		0.160	0.378	0.015	0.239
	N	11	11	11	11	11	11	11	11
一产就业比率	皮尔森相关	-0.895**	0.839**	-0.471	-0.455	1	-0.494	-0.292	0.345
	显著性（双向）	0.000	0.001	0.143	0.160		0.123	0.384	0.299
	N	11	11	11	11	11	11	11	11
二产就业比率	皮尔森相关	0.756**	-0.849**	0.929**	-0.296	-0.494	1	-0.688*	-0.093
	显著性（双向）	0.007	0.001	0.000	0.378	0.123		0.019	0.786
	N	11	11	11	11	11	11	11	11
三产就业比率	皮尔森相关	-0.082	0.234	-0.630*	0.706*	-0.292	-0.688*	1	-0.191
	显著性（双向）	0.810	0.489	0.038	0.015	0.384	0.019		0.574
	N	11	11	11	11	11	11	11	11
交通产值比率	皮尔森相关	-0.333	0.210	0.048	-0.388	0.345	-0.093	-0.191	1
	显著性（双向）	0.317	0.535	0.888	0.239	0.299	0.786	0.574	
	N	11	11	11	11	11	11	11	11

注：** 表示相关性在 0.01 水平上显著（双向）；* 表示相关性在 0.05 水平上显著（双向）。相关系数绝对值在 0.8~1.0 之间为高度相关，0.5~0.8 之间为中度相关，0.3~0.5 之间为低度相关，0.3 以下为弱相关。

分析表 4-36 得知：电子信息大类招生比率与一产产值比率、一产就业比率之间相关系数分别是 0.964、0.866，呈高等程度正相关；与二产产值比率之间相关系数是 -0.741，呈中等程度负相关；与二产就业比率之间相关系数是 -0.804，呈高等程度负相关；与建筑业产值比率相关系数是 -0.966，呈高等程度负相关。

表 4-36 中职电子信息大类招生比率与三次产业产值比率、就业比率之间相关系数

		信息招生比率	一产产值比率	二产产值比率	三产产值比率	一产就业比率	二产就业比率	三产就业比率	工业产值比率	建筑业产值比率	交通运输产值比率	批发业产值比率
电子信息招生比率	皮尔森相关	1	0.964**	-0.741**	-0.193	0.866**	-0.804**	0.159	-0.533	-0.966**	0.228	0.600
	显著性（双向）		0.000	0.009	0.570	0.001	0.003	0.641	0.091	0.000	0.500	0.051
	N	11	11	11	11	11	11	11	11	11	11	11
一产产值比率	皮尔森相关	0.964**	1	-0.804**	-0.140	0.839**	-0.849**	0.234	-0.607*	-0.975**	0.210	0.607*
	显著性（双向）	0.000		0.003	0.681	0.001	0.001	0.489	0.048	0.000	0.535	0.048
	N	11	11	11	11	11	11	11	11	11	11	11
二产产值比率	皮尔森相关	-0.741**	-0.804**	1	-0.477	-0.471	0.929**	-0.630*	0.959**	0.681*	0.048	-0.472
	显著性（双向）	0.009	0.003		0.138	0.143	0.000	0.038	0.000	0.021	0.888	0.143
	N	11	11	11	11	11	11	11	11	11	11	11
三产产值比率	皮尔森相关	-0.193	-0.140	-0.477	1	-0.455	-0.296	0.706*	-0.699*	0.309	-0.388	-0.102
	显著性（双向）	0.570	0.681	0.138		0.160	0.378	0.015	0.017	0.355	0.239	0.764
	N	11	11	11	11	11	11	11	11	11	11	11

续表

		电子信息招生比率	一产产值比率	二产产值比率	三产产值比率	一产就业比率	二产就业比率	三产就业比率	工业产值比率	建筑业产值比率	交通运输业产值比率	批发业产值比率
一产就业比率	皮尔森相关	0.866**	0.839**	-0.471	-0.455	1	-0.494	-0.292	-0.246	-0.871**	0.345	0.728*
	显著性（双向）	0.001	0.001	0.143	0.160		0.123	0.384	0.467	0.000	0.299	0.011
	N	11	11	11	11	11	11	11	11	11	11	11
二产就业比率	皮尔森相关	-0.804**	-0.849**	0.929**	-0.296	-0.494	1	-0.688*	0.853**	0.737**	-0.093	-0.535
	显著性（双向）	0.003	0.001	0.000	0.378	0.123		0.019	0.001	0.010	0.786	0.090
	N	11	11	11	11	11	11	11	11	11	11	11
三产就业比率	皮尔森相关	0.159	0.234	-0.630*	0.706*	-0.292	-0.688*	1	-0.734*	-0.083	-0.191	-0.016
	显著性（双向）	0.641	0.489	0.038	0.015	0.384	0.019		0.010	0.809	0.574	0.963
	N	11	11	11	11	11	11	11	11	11	11	11
工业产值比率	皮尔森相关	-0.533	-0.607*	0.959**	-0.699*	-0.246	0.853**	-0.734*	1	0.446	0.146	-0.391
	显著性（双向）	0.091	0.048	0.000	0.017	0.467	0.001	0.010		0.169	0.668	0.234
	N	11	11	11	11	11	11	11	11	11	11	11

续表

		电子信息招生比率	一产产值比率	二产产值比率	三产产值比率	一产就业比率	二产就业比率	三产就业比率	工业产值比率	建筑业产值比率	交通运输业产值比率	批发业产值比率
建筑业产值比率	皮尔森相关	-0.966**	-0.975**	0.681*	0.309	-0.871**	0.737**	-0.083	0.446	1	-0.232	-0.517
	显著性（双向）	0.000	0.000	0.021	0.355	0.000	0.010	0.809	0.169		0.492	0.104
	N	11	11	11	11	11	11	11	11	11	11	11
交通运输业产值比率	皮尔森相关	0.228	0.210	0.048	-0.388	0.345	-0.093	-0.191	0.146	-0.232	1	0.209
	显著性（双向）	0.500	0.535	0.888	0.239	0.299	0.786	0.574	0.668	0.492		0.537
	N	11	11	11	11	11	11	11	11	11	11	11
批发业产值比率	皮尔森相关	0.600	0.607*	-0.472	-0.102	0.728*	-0.535	-0.016	-0.391	-0.517	0.209	1
	显著性（双向）	0.051	0.048	0.143	0.764	0.011	0.090	0.963	0.234	0.104	0.537	
	N	11	11	11	11	11	11	11	11	11	11	11

注：** 表示相关性在 0.01 水平上显著（双向）；* 表示相关性在 0.05 水平上显著（双向）。
相关系数绝对值在 0.8～1.0 之间为高度相关，0.5～0.8 之间为中度相关，0.3～0.5 之间为低度相关，0.3 以下为弱相关。

分析表 4-37 得知：医药卫生大类招生比率与三次产业产值比率、就业比率之间均不存在相关性。

表 4-37　中职医药卫生大类招生比率与三次产业产值比率、就业比率之间相关系数

		医药卫生招生比率	一产产值比率	二产产值比率	三产产值比率	一产就业比率	二产就业比率	三产就业比率
医药卫生招生比率	皮尔森相关	1	-0.083	-0.281	0.588	-0.263	0.002	0.222
	显著性（双向）		0.809	0.403	0.057	0.435	0.996	0.511
	N	11	11	11	11	11	11	11
一产产值比率	皮尔森相关	-0.083	1	-0.804**	-0.140	0.839**	-0.849**	0.234
	显著性（双向）	0.809		0.003	0.681	0.001	0.001	0.489
	N	11	11	11	11	11	11	11
二产产值比率	皮尔森相关	-0.281	-0.804**	1	-0.477	-0.471	0.929**	-0.630*
	显著性（双向）	0.403	0.003		0.138	0.143	0.000	0.038
	N	11	11	11	11	11	11	11
三产产值比率	皮尔森相关	0.588	-0.140	-0.477	1	-0.455	-0.296	0.706*
	显著性（双向）	0.057	0.681	0.138		0.160	0.378	0.015
	N	11	11	11	11	11	11	11
一产就业比率	皮尔森相关	-0.263	0.839**	-0.471	-0.455	1	-0.494	-0.292
	显著性（双向）	0.435	0.001	0.143	0.160		0.123	0.384
	N	11	11	11	11	11	11	11
二产就业比率	皮尔森相关	0.002	-0.849**	0.929**	-0.296	-0.494	1	-0.688*
	显著性（双向）	0.996	0.001	0.000	0.378	0.123		0.019
	N	11	11	11	11	11	11	11
三产就业比率	皮尔森相关	0.222	0.234	-0.630*	0.706*	-0.292	-0.688*	1
	显著性（双向）	0.511	0.489	0.038	0.015	0.384	0.019	
	N	11	11	11	11	11	11	11

注：** 表示相关性在 0.01 水平上显著（双向）；* 表示相关性在 0.05 水平上显著（双向）。相关系数绝对值在 0.8~1.0 之间为高度相关，0.5~0.8 之间为中度相关，0.3~0.5 之间为低度相关，0.3 以下为弱相关。

分析表 4-38 得知：财经商贸大类招生比率与一产产值比率、一产就业比率之间相关系数分别是 -0.897、-0.821，呈高等程度负相关；与二产产值比率之间相关系数是 0.790，呈中等程度正相关；与二产就业比率之间相关系数是 0.698，呈中等程度负相关。

表 4-38 中职财经商贸大类招生比率与三次产业产值比率、就业比率之间相关系数

		财经商贸招生比率	一产产值比率	二产产值比率	三产产值比率	一产就业比率	二产就业比率	三产就业比率
财经商贸招生比率	皮尔森相关	1	-0.897**	0.790**	0.012	-0.821**	0.698*	-0.085
	显著性（双向）		0.000	0.004	0.971	0.002	0.017	0.803
	N	11	11	11	11	11	11	11
一产产值比率	皮尔森相关	-0.897**	1	-0.804**	-0.140	0.839**	-0.849**	0.234
	显著性（双向）	0.000		0.003	0.681	0.001	0.001	0.489
	N	11	11	11	11	11	11	11
二产产值比率	皮尔森相关	0.790**	-0.804**	1	-0.477	-0.471	0.929**	-0.630*
	显著性（双向）	0.004	0.003		0.138	0.143	0.000	0.038
	N	11	11	11	11	11	11	11
三产产值比率	皮尔森相关	0.012	-0.140	-0.477	1	-0.455	-0.296	0.706*
	显著性（双向）	0.971	0.681	0.138		0.160	0.378	0.015
	N	11	11	11	11	11	11	11
一产就业比率	皮尔森相关	-0.821**	0.839**	-0.471	-0.455	1	-0.494	-0.292
	显著性（双向）	0.002	0.001	0.143	0.160		0.123	0.384
	N	11	11	11	11	11	11	11
二产就业比率	皮尔森相关	0.698*	-0.849**	0.929**	-0.296	-0.494	1	-0.688*
	显著性（双向）	0.017	0.001	0.000	0.378	0.123		0.019
	N	11	11	11	11	11	11	11

续表

		财经商贸招生比率	一产产值比率	二产产值比率	三产产值比率	一产就业比率	二产就业比率	三产就业比率
三产就业比率	皮尔森相关	-0.085	0.234	-0.630*	0.706*	-0.292	-0.688*	1
	显著性(双向)	0.803	0.489	0.038	0.015	0.384	0.019	
	N	11	11	11	11	11	11	11

注：** 表示相关性在 0.01 水平上显著（双向）；* 表示相关性在 0.05 水平上显著（双向）。相关系数绝对值在 0.8~1.0 之间为高度相关，0.5~0.8 之间为中度相关，0.3~0.5 之间为低度相关，0.3 以下为弱相关。

分析表 4-39 得知：旅游大类招生比率与一产产值比率相关系数是 0.809，呈高等程度正相关，与二产产值比率之间相关系数是 -0.856，呈高等程度负相关；与二产就业比率之间相关系数是 -0.757，呈中等程度负相关。

表 4-39　中职旅游大类招生比率与三次产业产值比率、就业比率之间相关系数

		旅游招生比率	一产产值比率	二产产值比率	三产产值比率	一产就业比率	二产就业比率	三产就业比率
旅游招生比率	皮尔森相关	1	0.809**	-0.856**	0.228	0.552	-0.757**	0.375
	显著性(双向)		0.003	0.001	0.501	0.079	0.007	0.256
	N	11	11	11	11	11	11	11
一产产值比率	皮尔森相关	0.809**	1	-0.804**	-0.140	0.839**	-0.849**	0.234
	显著性(双向)	0.003		0.003	0.681	0.001	0.001	0.489
	N	11	11	11	11	11	11	11
二产产值比率	皮尔森相关	-0.856**	-0.804**	1	-0.477	-0.471	0.929**	-0.630*
	显著性(双向)	0.001	0.003		0.138	0.143	0.000	0.038
	N	11	11	11	11	11	11	11
三产产值比率	皮尔森相关	0.228	-0.140	-0.477	1	-0.455	-0.296	0.706*
	显著性(双向)	0.501	0.681	0.138		0.160	0.378	0.015
	N	11	11	11	11	11	11	11

续表

		旅游招生比率	一产产值比率	二产产值比率	三产产值比率	一产就业比率	二产就业比率	三产就业比率
一产就业比率	皮尔森相关	0.552	0.839**	-0.471	-0.455	1	-0.494	-0.292
	显著性（双向）	0.079	0.001	0.143	0.160		0.123	0.384
	N	11	11	11	11	11	11	11
二产就业比率	皮尔森相关	-0.757**	-0.849**	0.929**	-0.296	-0.494	1	-0.688*
	显著性（双向）	0.007	0.001	0.000	0.378	0.123		0.019
	N	11	11	11	11	11	11	11
三产就业比率	皮尔森相关	0.375	0.234	-0.630*	0.706*	-0.292	-0.688*	1
	显著性（双向）	0.256	0.489	0.038	0.015	0.384	0.019	
	N	11	11	11	11	11	11	11

注：** 表示相关性在 0.01 水平上显著（双向）；* 表示相关性在 0.05 水平上显著（双向）。相关系数绝对值在 0.8~1.0 之间为高度相关，0.5~0.8 之间为中度相关，0.3~0.5 之间为低度相关，0.3 以下为弱相关。

分析表 4-40 得知：教育大类招生比率与一产产值比率相关系数是 -0.814，呈高等程度负相关，与一产就业比率之间相关系数是 -0.974，呈高等程度负相关。

表 4-40　中职教育大类招生比率与三次产业产值比率、
就业比率之间相关系数

		教育招生比率	一产产值比率	二产产值比率	三产产值比率	一产就业比率	二产就业比率	三产就业比率
教育招生比率	皮尔森相关	1	-0.814**	0.416	0.512	-0.974**	0.457	0.313
	显著性（双向）		0.002	0.203	0.107	0.000	0.158	0.349
	N	11	11	11	11	11	11	11
一产产值比率	皮尔森相关	-0.814**	1	-0.804**	-0.140	0.839**	-0.849**	0.234
	显著性（双向）	0.002		0.003	0.681	0.001	0.001	0.489
	N	11	11	11	11	11	11	11

续表

		教育招生比率	一产产值比率	二产产值比率	三产产值比率	一产就业比率	二产就业比率	三产就业比率
二产产值比率	皮尔森相关	0.416	-0.804**	1	-0.477	-0.471	0.929**	-0.630*
	显著性（双向）	0.203	0.003		0.138	0.143	0.000	0.038
	N	11	11	11	11	11	11	11
三产产值比率	皮尔森相关	0.512	-0.140	-0.477	1	-0.455	-0.296	0.706*
	显著性（双向）	0.107	0.681	0.138		0.160	0.378	0.015
	N	11	11	11	11	11	11	11
一产就业比率	皮尔森相关	-0.974**	0.839**	-0.471	-0.455	1	-0.494	-0.292
	显著性（双向）	0.000	0.001	0.143	0.160		0.123	0.384
	N	11	11	11	11	11	11	11
二产就业比率	皮尔森相关	0.457	-0.849**	0.929**	-0.296	-0.494	1	-0.688*
	显著性（双向）	0.158	0.001	0.000	0.378	0.123		0.019
	N	11	11	11	11	11	11	11
三产就业比率	皮尔森相关	0.313	0.234	-0.630*	0.706*	-0.292	-0.688*	1
	显著性（双向）	0.349	0.489	0.038	0.015	0.384	0.019	
	N	11	11	11	11	11	11	11

注：** 表示相关性在 0.01 水平上显著（双向）；* 表示相关性在 0.05 水平上显著（双向）。相关系数绝对值在 0.8~1.0 之间为高度相关，0.5~0.8 之间为中度相关，0.3~0.5 之间为低度相关，0.3 以下为弱相关。

分析表 4-41 得知：公安大类招生比率与一产产值比率相关系数是 0.965，呈高等程度正相关；与一产就业比率之间相关系数是 0.770，呈中等程度正相关；与二产产值比率、二产就业比率之间相关系数分别是 -0.832、-0.835，呈高等程度负相关。

表 4-41　中职公安大类招生比率与三次产业产值比率、就业比率之间相关系数

		公安招生比率	一产产值比率	二产产值比率	三产产值比率	一产就业比率	二产就业比率	三产就业比率
公安招生比率	皮尔森相关	1	0.965**	-0.832**	-0.045	0.770**	-0.835**	0.275
	显著性(双向)		0.000	0.001	0.896	0.006	0.001	0.414
	N	11	11	11	11	11	11	11
一产产值比率	皮尔森相关	0.965**	1	-0.804**	-0.140	0.839**	-0.849**	0.234
	显著性(双向)	0.000		0.003	0.681	0.001	0.001	0.489
	N	11	11	11	11	11	11	11
二产产值比率	皮尔森相关	-0.832**	-0.804**	1	-0.477	-0.471	0.929**	-0.630*
	显著性(双向)	0.001	0.003		0.138	0.143	0.000	0.038
	N	11	11	11	11	11	11	11
三产产值比率	皮尔森相关	-0.045	-0.140	-0.477	1	-0.455	-0.296	0.706*
	显著性(双向)	0.896	0.681	0.138		0.160	0.378	0.015
	N	11	11	11	11	11	11	11
一产就业比率	皮尔森相关	0.770**	0.839**	-0.471	-0.455	1	-0.494	-0.292
	显著性(双向)	0.006	0.001	0.143	0.160		0.123	0.384
	N	11	11	11	11	11	11	11
二产就业比率	皮尔森相关	-0.835**	-0.849**	0.929**	-0.296	-0.494	1	-0.688*
	显著性(双向)	0.001	0.001	0.000	0.378	0.123		0.019
	N	11	11	11	11	11	11	11
三产就业比率	皮尔森相关	0.275	0.234	-0.630*	0.706*	-0.292	-0.688*	1
	显著性(双向)	0.414	0.489	0.038	0.015	0.384	0.019	
	N	11	11	11	11	11	11	11

注：** 表示相关性在 0.01 水平上显著（双向）；* 表示相关性在 0.05 水平上显著（双向）。相关系数绝对值在 0.8~1.0 之间为高度相关，0.5~0.8 之间为中度相关，0.3~0.5 之间为低度相关，0.3 以下为弱相关。

4. 三次产业对应的专业大类招生比率与区域产业结构之间的相关性分析

运用 Spearman 的 Rho（r）即斯皮尔曼秩相关对三次产业对应的中

职专业大类招生比率与区域产业结构之间的相关性进行检验，表4-39为输出结果。

分析表4-42得知：一产招生比率与西江经济带二产产值比率相关系数是0.857，呈高度正相关；与北部湾经济区二产产值比率相关系数为0.652，呈中度正相关。二产招生比率与桂西经济区一产产值比率、西江经济带一产产值比率、北部湾经济区一产产值比率相关系数分别是0.896、0.953和0.961，呈高度正相关；与桂西经济区三产产值比率相关系数是-0.859，呈高度负相关；与北二产产值比率相关系数是-0.867，呈高度负相关。

5. 重点产业对应的专业大类招生比率与区域产业结构之间的相关性分析

运用Spearman的Rho（r）即斯皮尔曼秩相关对重点产业对应的专业大类招生比率与区域产业结构之间的相关性进行检验，表4-43为输出结果。

分析表4-43得知：土木建筑大类招生比率与北部湾经济区二产产值之间相关系数是0.899，呈高度正相关；与桂西经济区三产产值比率之间相关系数是0.726，呈中度正相关。与桂西经济区、西江经济带和北部湾经济区的一产产值比率之间的相关系数分别是-0.727、-0.871和-0.880，呈中高程度负相关。

分析表4-44得知：加工制造大类招生比率与桂西经济区、西江经济带、北部湾经济区一产产值比率之间的相关系数分别是0.890、0.969、0.977，呈高度正相关。与西江经济带二产产值比率相关系数是-0.617，呈中度负相关；与北部湾经济区二产产值比率相关系数是-0.920，呈高度负相关；与桂西经济区三产产值比率相关系数为-0.777，呈中度负相关。

分析表4-45得知：交通运输大类招生比率与桂西经济区一产产值比率、西江经济带一产产值比率、北部湾经济区一产产值比率之间的相关系数分别是-0.885、-0.973、-0.979，呈高度负相关；与桂西经济区三产产值比率相关系数是0.771，呈中度正相关；与西江经济带二产产值比率相关系数是0.641，呈中度正相关；与北部湾二产产值比率相关系数是0.931，呈高度正相关。

表 4-42 三次产业对应的中职专业大类招生比率与广西区域产业产值比率之间相关系数

		一产招生比率	二产招生比率	三产招生比率	桂一产产值比率	桂二产产值比率	桂三产产值比率	西一产产值比率	西二产产值比率	西三产产值比率	北一产产值比率	北二产产值比率	北三产产值比率
一产招生比率	皮尔森相关	1	-0.418	-0.477	-0.292	0.350	0.063	-0.575	0.857**	-0.509	-0.547	0.652*	-0.503
	显著性（双向）		0.201	0.138	0.383	0.291	0.853	0.065	0.001	0.110	0.081	0.030	0.115
	N	11	11	11	11	11	11	11	11	11	11	11	11
二产招生比率	皮尔森相关	-0.418	1	-0.598	0.896**	-0.269	-0.859**	0.953**	-0.524	-0.408	0.961**	-0.867**	0.057
	显著性（双向）	0.201		0.052	0.000	0.424	0.001	0.000	0.098	0.213	0.000	0.001	0.867
	N	11	11	11	11	11	11	11	11	11	11	11	11
三产招生比率	皮尔森相关	-0.477	-0.598	1	-0.619*	-0.021	0.764**	-0.419	-0.241	0.837**	-0.451	0.268	0.387
	显著性（双向）	0.138	0.052		0.042	0.951	0.006	0.199	0.475	0.001	0.164	0.426	0.240
	N	11	11	11	11	11	11	11	11	11	11	11	11
桂一产产值比率	皮尔森相关	-0.292	0.896**	-0.619*	1	-0.569	-0.736**	0.921**	-0.483	-0.427	0.926**	-0.782**	-0.103
	显著性（双向）	0.383	0.000	0.042		0.068	0.010	0.000	0.133	0.190	0.000	0.004	0.763
	N	11	11	11	11	11	11	11	11	11	11	11	11

续表

		一产招生比率	二产招生比率	三产招生比率	桂一产值比率	桂二产值比率	桂三产值比率	西一产值比率	西二产值比率	西三产值比率	北一产值比率	北二产值比率	北三产值比率
桂二产值比率	皮尔森相关	0.350	-0.269	-0.021	-0.569	1	-0.138	-0.481	0.630*	-0.305	-0.472	0.496	-0.237
	显著性（双向）	0.291	0.424	0.951	0.068		0.687	0.134	0.038	0.362	0.143	0.121	0.483
	N	11	11	11	11	11	11	11	11	11	11	11	11
桂三产值比率	皮尔森相关	0.063	-0.859**	0.764**	-0.736**	-0.138	1	-0.713*	0.063	0.765*	-0.727*	0.534	0.319
	显著性（双向）	0.853	0.001	0.006	0.010	0.687		0.014	0.855	0.006	0.011	0.091	0.339
	N	11	11	11	11	11	11	11	11	11	11	11	11
西一产值比率	皮尔森相关	-0.575	0.953**	-0.419	0.921**	-0.481	-0.713*	1	-0.712*	-0.201	0.999**	-0.944**	0.186
	显著性（双向）	0.065	0.000	0.199	0.000	0.134	0.014		0.014	0.553	0.000	0.000	0.584
	N	11	11	11	11	11	11	11	11	11	11	11	11
西二产值比率	皮尔森相关	0.857**	-0.524	-0.241	-0.483	0.630*	0.063	-0.712*	1	-0.544	-0.694*	0.837*	-0.669*
	显著性（双向）	0.001	0.098	0.475	0.133	0.038	0.855	0.014		0.084	0.018	0.001	0.024
	N	11	11	11	11	11	11	11	11	11	11	11	11

续表

	一产招生比率	二产招生比率	三产招生比率	桂一产产值比率	桂二产产值比率	桂三产产值比率	西一产产值比率	西二产产值比率	西三产产值比率	北一产产值比率	北二产产值比率	北三产产值比率
西三产产值比率 皮尔森相关	-0.509	-0.408	0.837**	-0.427	-0.305	0.765**	-0.201	-0.544	1	-0.226	-0.040	0.712*
显著性（双向）	0.110	0.213	0.001	0.190	0.362	0.006	0.553	0.084		0.504	0.908	0.014
N	11	11	11	11	11	11	11	11	11	11	11	11
北一产产值比率 皮尔森相关	-0.547	0.961**	-0.451	0.926**	-0.472	-0.727*	0.999**	-0.694*	-0.226	1	-0.944**	0.184
显著性（双向）	0.081	0.000	0.164	0.000	0.143	0.011	0.000	0.018	0.504		0.000	0.589
N	11	11	11	11	11	11	11	11	11	11	11	11
北二产产值比率 皮尔森相关	0.652*	-0.867**	0.268	-0.782**	0.496	0.534	-0.944**	0.837**	-0.040	-0.944**	1	-0.498
显著性（双向）	0.030	0.001	0.426	0.004	0.121	0.091	0.000	0.001	0.908	0.000		0.119
N	11	11	11	11	11	11	11	11	11	11	11	11
北三产产值比率 皮尔森相关	-0.503	0.057	0.387	-0.103	-0.237	0.319	0.186	-0.669*	0.712*	0.184	-0.498	1
显著性（双向）	0.115	0.867	0.240	0.763	0.483	0.339	0.584	0.024	0.014	0.589	0.119	
N	11	11	11	11	11	11	11	11	11	11	11	11

注：** 表示相关性在 0.01 水平上显著（双向）；* 表示相关性在 0.05 水平上显著（双向）。
相关系数绝对值在 0.8~1.0 之间为高度相关，0.5~0.8 之间为中度相关，0.3~0.5 之间为低度相关，0.3 以下为弱相关。

表4-43 中职土木建筑大类招生比率与广西区域产业产值比率之间相关系数

		土木建筑招生比率	桂一产产值比率	桂二产产值比率	桂三产产值比率	西一产产值比率	西二产产值比率	西三产产值比率	北一产产值比率	北二产产值比率	北三产产值比率
土木建筑招生比率	皮尔森相关	1	-0.727*	0.182	0.726*	-0.871**	0.564	0.253	-0.880**	0.899**	-0.365
	显著性（双向）		0.011	0.592	0.011	0.000	0.071	0.452	0.000	0.000	0.270
	N	11	11	11	11	11	11	11	11	11	11
桂一产产值比率	皮尔森相关	-0.727*	1	-0.569	-0.736**	0.921**	-0.483	-0.427	0.926**	-0.782**	-0.103
	显著性（双向）	0.011		0.068	0.010	0.000	0.133	0.190	0.000	0.004	0.763
	N	11	11	11	11	11	11	11	11	11	11
桂二产产值比率	皮尔森相关	0.182	-0.569	1	-0.138	-0.481	0.630*	-0.305	-0.472	0.496	-0.237
	显著性（双向）	0.592	0.068		0.687	0.134	0.038	0.362	0.143	0.121	0.483
	N	11	11	11	11	11	11	11	11	11	11
桂三产产值比率	皮尔森相关	0.726*	-0.736**	-0.138	1	-0.713*	0.063	0.765**	-0.727*	0.534	0.319
	显著性（双向）	0.011	0.010	0.687		0.014	0.855	0.006	0.011	0.091	0.339
	N	11	11	11	11	11	11	11	11	11	11

续表

		土木建筑招生比率	桂一产产值比率	桂二产产值比率	桂三产产值比率	西一产产值比率	西二产产值比率	西三产产值比率	北一产产值比率	北二产产值比率	北三产产值比率
西一产产值比率	皮尔森相关	-0.871**	0.921**	-0.481	-0.713*	1	-0.712*	-0.201	0.999**	-0.944**	0.186
	显著性（双向）	0.000	0.000	0.134	0.014		0.014	0.553	0.000	0.000	0.584
	N	11	11	11	11		11	11	11	11	11
西二产产值比率	皮尔森相关	0.564	-0.483	0.630*	0.063	-0.712*	1	-0.544	-0.694*	0.837**	-0.669*
	显著性（双向）	0.071	0.133	0.038	0.855	0.014		0.084	0.018	0.001	0.024
	N	11	11	11	11	11		11	11	11	11
西三产产值比率	皮尔森相关	0.253	-0.427	-0.305	0.765**	-0.201	-0.544	1	-0.226	-0.040	0.712*
	显著性（双向）	0.452	0.190	0.362	0.006	0.553	0.084		0.504	0.908	0.014
	N	11	11	11	11	11	11		11	11	11
北一产产值比率	皮尔森相关	-0.880**	0.926**	-0.472	-0.727*	0.999**	-0.694*	-0.226	1	-0.944**	0.184
	显著性（双向）	0.000	0.000	0.143	0.011	0.000	0.018	0.504		0.000	0.589
	N	11	11	11	11	11	11	11		11	11

续表

		土木建筑招生比率	桂一产产值比率	桂二产产值比率	桂三产产值比率	西一产产值比率	西二产产值比率	西三产产值比率	北一产产值比率	北二产产值比率	北三产产值比率
北二产产值比率	皮尔森相关	0.899**	-0.782**	0.496	0.534	-0.944**	0.837**	-0.040	-0.944**	1	-0.498
	显著性（双向）	0.000	0.004	0.121	0.091	0.000	0.001	0.908	0.000		0.119
	N	11	11	11	11	11	11	11	11	11	11
北三产产值比率	皮尔森相关	-0.365	-0.103	-0.237	0.319	0.186	-0.669*	0.712*	0.184	-0.498	1
	显著性（双向）	0.270	0.763	0.483	0.339	0.584	0.024	0.014	0.589	0.119	
	N	11	11	11	11	11	11	11	11	11	11

注：**表示相关性在 0.01 水平上显著（双向）；*表示相关性在 0.05 水平上显著（双向）。

相关系数绝对值在 0.8~1.0 之间为高度相关，0.5~0.8 之间为中度相关，0.3~0.5 之间为低度相关，0.3 以下为弱相关。

表4-44 中职加工制造大类招生比率与广西区域产业产值比率之间相关系数

		加工制造招生比率	桂一产产值比率	桂二产产值比率	桂三产产值比率	西一产产值比率	西二产产值比率	西三产产值比率	北一产产值比率	北二产产值比率	北三产产值比率
加工制造招生比率	皮尔森相关	1	0.890**	-0.358	-0.777**	0.969**	-0.617*	-0.298	0.977**	-0.920**	0.174
	显著性（双向）		0.000	0.279	0.005	0.000	0.043	0.374	0.000	0.000	0.609
	N	11	11	11	11	11	11	11	11	11	11
桂一产产值比率	皮尔森相关	0.890**	1	-0.569	-0.736**	0.921**	-0.483	-0.427	0.926**	-0.782**	-0.103
	显著性（双向）	0.000		0.068	0.010	0.000	0.133	0.190	0.000	0.004	0.763
	N	11	11	11	11	11	11	11	11	11	11
桂二产产值比率	皮尔森相关	-0.358	-0.569	1	-0.138	-0.481	0.630*	-0.305	-0.472	0.496	-0.237
	显著性（双向）	0.279	0.068		0.687	0.134	0.038	0.362	0.143	0.121	0.483
	N	11	11	11	11	11	11	11	11	11	11
桂三产产值比率	皮尔森相关	-0.777**	-0.736**	-0.138	1	-0.713*	0.063	0.765**	-0.727**	0.534	0.319
	显著性（双向）	0.005	0.010	0.687		0.014	0.855	0.006	0.011	0.091	0.339
	N	11	11	11	11	11	11	11	11	11	11

续表

		加工制造招生比率	桂一产产值比率	桂二产产值比率	桂三产产值比率	西一产产值比率	西二产产值比率	西三产产值比率	北一产产值比率	北二产产值比率	北三产产值比率
西一产产值比率	皮尔森相关	0.969**	0.921**	-0.481	-0.713*	1	-0.712*	-0.201	0.999**	-0.944**	0.186
	显著性（双向）	0.000	0.000	0.134	0.014		0.014	0.553	0.000	0.000	0.584
	N	11	11	11	11	11	11	11	11	11	11
西二产产值比率	皮尔森相关	-0.617*	-0.483	0.630*	0.063	-0.712*	1	-0.544	-0.694*	0.837**	-0.669*
	显著性（双向）	0.043	0.133	0.038	0.855	0.014		0.084	0.018	0.001	0.024
	N	11	11	11	11	11	11	11	11	11	11
西三产产值比率	皮尔森相关	-0.298	-0.427	-0.305	0.765**	-0.201	-0.544	1	-0.226	-0.040	0.712*
	显著性（双向）	0.374	0.190	0.362	0.006	0.553	0.084		0.504	0.908	0.014
	N	11	11	11	11	11	11	11	11	11	11
北一产产值比率	皮尔森相关	0.977**	0.926**	-0.472	-0.727*	0.999**	-0.694*	-0.226	1	-0.944**	0.184
	显著性（双向）	0.000	0.000	0.143	0.011	0.000	0.018	0.504		0.000	0.589
	N	11	11	11	11	11	11	11	11	11	11

续表

	加工制造招生比率	桂一产产值比率	桂二产产值比率	桂三产产值比率	西一产产值比率	西二产产值比率	西三产产值比率	北一产产值比率	北二产产值比率	北三产产值比率
北二产产值比率 皮尔森相关	-0.920**	-0.782**	0.496	0.534	-0.944**	0.837**	-0.040	-0.944**	1	-0.498
显著性（双向）	0.000	0.004	0.121	0.091	0.000	0.001	0.908	0.000		0.119
N	11	11	11	11	11	11	11	11	11	11
北三产产值比率 皮尔森相关	0.174	-0.103	-0.237	0.319	0.186	-0.669*	0.712*	0.184	-0.498	1
显著性（双向）	0.609	0.763	0.483	0.339	0.584	0.024	0.014	0.589	0.119	
N	11	11	11	11	11	11	11	11	11	11

注：** 表示相关性在 0.01 水平上显著（双向）；* 表示相关性在 0.05 水平上显著（双向）。
相关系数绝对值在 0.8~1.0 之间为高度相关，0.5~0.8 之间为中度相关，0.3~0.5 之间为低度相关，0.3 以下为弱相关。

表 4-45 中职交通运输大类招生比率与广西区域产业产值比率之间相关系数

		交通运输招生比率	桂一产产值比率	桂二产产值比率	桂三产产值比率	西一产产值比率	西二产产值比率	西三产产值比率	北一产产值比率	北二产产值比率	北三产产值比率
交通运输招生比率	皮尔森相关	1	-0.885**	0.359	0.771**	-0.973**	0.641*	0.268	-0.979**	0.93**	-0.201
	显著性（双向）		0.000	0.279	0.005	0.000	0.033	0.426	0.000	0.000	0.554
	N	11	11	11	11	11	11	11	11	11	11
桂一产产值比率	皮尔森相关	-0.885**	1	-0.569	-0.736**	0.921**	-0.483	-0.427	0.926**	-0.782**	-0.103
	显著性（双向）	0.000		0.068	0.010	0.000	0.133	0.190	0.000	0.004	0.763
	N	11	11	11	11	11	11	11	11	11	11
桂二产产值比率	皮尔森相关	0.359	-0.569	1	-0.138	-0.481	0.630*	-0.305	-0.472	0.496	-0.237
	显著性（双向）	0.279	0.068		0.687	0.134	0.038	0.362	0.143	0.121	0.483
	N	11	11	11	11	11	11	11	11	11	11
桂三产产值比率	皮尔森相关	0.771**	-0.736**	-0.138	1	-0.713*	0.063	0.765**	-0.727*	0.534	0.319
	显著性（双向）	0.005	0.010	0.687		0.014	0.855	0.006	0.011	0.091	0.339
	N	11	11	11	11	11	11	11	11	11	11

续表

		交通运输招生比率	桂一产产值比率	桂二产产值比率	桂三产产值比率	西一产产值比率	西二产产值比率	西三产产值比率	北一产产值比率	北二产产值比率	北三产产值比率
西一产产值比率	皮尔森相关	-0.973**	0.921**	-0.481	-0.713*	1	-0.712*	-0.201	0.999**	-0.944**	0.186
	显著性（双向）	0.000	0.000	0.134	0.014		0.014	0.553	0.000	0.000	0.584
	N	11	11	11	11	11	11	11	11	11	11
西二产产值比率	皮尔森相关	0.641*	-0.483	0.630*	0.063	-0.712*	1	-0.544	-0.694*	0.837**	-0.669*
	显著性（双向）	0.033	0.133	0.038	0.855	0.014		0.084	0.018	0.001	0.024
	N	11	11	11	11	11	11	11	11	11	11
西三产产值比率	皮尔森相关	0.268	-0.427	-0.305	0.765**	-0.201	-0.544	1	-0.226	-0.040	0.712*
	显著性（双向）	0.426	0.190	0.362	0.006	0.553	0.084		0.504	0.908	0.014
	N	11	11	11	11	11	11	11	11	11	11
北一产产值比率	皮尔森相关	-0.979**	0.926**	-0.472	-0.727*	0.999**	-0.694*	-0.226	1	-0.944**	0.184
	显著性（双向）	0.000	0.000	0.143	0.011	0.000	0.018	0.504		0.000	0.589
	N	11	11	11	11	11	11	11	11	11	11

续表

		交通运输招生比率	桂一产产值比率	桂二产产值比率	桂三产产值比率	西一产产值比率	西二产产值比率	西三产产值比率	北一产产值比率	北二产产值比率	北三产产值比率
北二产产值比率	皮尔森相关	0.931**	-0.782**	0.496	0.534	-0.944**	0.837**	-0.040	-0.944**	1	-0.498
	显著性(双向)	0.000	0.004	0.121	0.091	0.000	0.001	0.908	0.000		0.119
	N	11	11	11	11	11	11	11	11	11	11
北三产产值比率	皮尔森相关	-0.201	-0.103	-0.237	0.319	0.186	-0.669*	0.712*	0.184	-0.498	1
	显著性(双向)	0.554	0.763	0.483	0.339	0.584	0.024	0.014	0.589	0.119	
	N	11	11	11	11	11	11	11	11	11	11

注：**表示相关性在 0.01 水平上显著（双向）；*表示相关性在 0.05 水平上显著（双向）。
相关系数绝对值在 0.8～1.0 之间为高度相关，0.5～0.8 之间为中度相关，0.3～0.5 之间为低度相关，0.3 以下为弱相关。

分析表 4-46 得知：电子信息大类招生比率与桂西经济区一产产值比率、西江经济带一产产值比率、北部湾经济区一产产值比率之间的相关系数分别是 0.829、0.955、0.959，呈高度正相关。

分析表 4-47 得知：医药卫生大类招生比率与桂西经济区三产产值比率、西江经济带三产产值比率、北部湾三产产值比率相关系数分别是 0.639、0.710、0.710，呈中度正相关。

分析表 4-48 得知：财经商贸大类招生比率与西江经济带二产产值比率相关系数是 0.741，呈中度正相关；与北部湾经济区二产产值比率相关系数是 0.937，呈高度正相关；与桂西经济区三产产值比率相关系数是 0.812，呈高度正相关；与北二产产值比率相关系数是 0.786，呈中度正相关。

分析表 4-49 得知：教育大类招生比率与桂西经济区一产产值比率、西江经济带一产产值比率、北部湾经济区一产产值比率之间的相关系数分别是 -0.861、-0.838、-0.861，呈高度负相关；与桂西经济区三产产值比率相关系数是 0.812，呈高度正相关；与北部湾二产产值比率是 0.786，呈高度正相关。

分析表 4-50 得知：旅游大类招生比率与西江经济带一产产值比率、北部湾经济区一产产值比率之间的相关系数分别是 0.716、0.708，呈中度正相关；与西江经济带二产产值比率、北部湾经济区二产产值比率相关系数分别是 -0.853、-0.861，呈高度负相关；与北部湾三产产值比率相关系数是 0.705，呈中度正相关。

表 4-46 中职电子信息大类招生比率与广西区域产业产值比率之间相关系数

		电子信息招生比率	桂一产产值比率	桂二产产值比率	桂三产产值比率	西一产产值比率	西二产产值比率	西三产产值比率	北一产产值比率	北二产产值比率	北三产产值比率
电子信息招生比率	皮尔森相关	1	0.829**	-0.331	-0.727*	0.955**	-0.680*	-0.192	0.959**	-0.936**	0.266
	显著性（双向）		0.002	0.320	0.011	0.000	0.021	0.571	0.000	0.000	0.428
	N	11	11	11	11	11	11	11	11	11	11
桂一产产值比率	皮尔森相关	0.829**	1	-0.569	-0.736**	0.921**	-0.483	-0.427	0.926**	-0.782**	-0.103
	显著性（双向）	0.002		0.068	0.010	0.000	0.133	0.190	0.000	0.004	0.763
	N	11	11	11	11	11	11	11	11	11	11
桂二产产值比率	皮尔森相关	-0.331	-0.569	1	-0.138	-0.481	0.630*	-0.305	-0.472	0.496	-0.237
	显著性（双向）	0.320	0.068		0.687	0.134	0.038	0.362	0.143	0.121	0.483
	N	11	11	11	11	11	11	11	11	11	11
桂三产产值比率	皮尔森相关	-0.727*	-0.736**	-0.138	1	-0.713*	0.063	0.765**	-0.727*	0.534	0.319
	显著性（双向）	0.011	0.010	0.687		0.014	0.855	0.006	0.011	0.091	0.339
	N	11	11	11	11	11	11	11	11	11	11
西一产产值比率	皮尔森相关	0.955**	0.921**	-0.481	-0.713*	1	-0.712*	-0.201	0.999**	-0.944**	0.186
	显著性（双向）	0.000	0.000	0.134	0.014		0.014	0.553	0.000	0.000	0.584
	N	11	11	11	11	11	11	11	11	11	11

续表

		电子信息招生比率	桂一产产值比率	桂二产产值比率	桂三产产值比率	西一产产值比率	西二产产值比率	西三产产值比率	北一产产值比率	北二产产值比率	北三产产值比率
西二产产值比率	皮尔森相关	-0.680*	-0.483	0.630*	0.063	-0.712*	1	-0.544	-0.694*	0.837**	-0.669*
	显著性（双向）	0.021	0.133	0.038	0.855	0.014		0.084	0.018	0.001	0.024
	N	11	11	11	11	11	11	11	11	11	11
西三产产值比率	皮尔森相关	-0.192	-0.427	-0.305	0.765**	-0.201	-0.544	1	-0.226	-0.040	0.712*
	显著性（双向）	0.571	0.190	0.362	0.006	0.553	0.084		0.504	0.908	0.014
	N	11	11	11	11	11	11	11	11	11	11
北一产产值比率	皮尔森相关	0.959**	0.926**	-0.472	-0.727*	0.999**	-0.694*	-0.226	1	-0.944**	0.184
	显著性（双向）	0.000	0.000	0.143	0.011	0.000	0.018	0.504		0.000	0.589
	N	11	11	11	11	11	11	11	11	11	11
北二产产值比率	皮尔森相关	-0.936**	-0.782**	0.496	0.534	-0.944**	0.837**	-0.040	-0.944**	1	-0.498
	显著性（双向）	0.000	0.004	0.121	0.091	0.000	0.001	0.908	0.000		0.119
	N	11	11	11	11	11	11	11	11	11	11
北三产产值比率	皮尔森相关	0.266	-0.103	-0.237	0.319	0.186	-0.669*	0.712*	0.184	-0.498	1
	显著性（双向）	0.428	0.763	0.483	0.339	0.584	0.024	0.014	0.589	0.119	
	N	11	11	11	11	11	11	11	11	11	11

注：** 表示相关性在0.01水平上显著（双向）；* 表示相关性在0.05水平上显著（双向）。

相关系数绝对值在 0.8~1.0 之间为高度相关，0.5~0.8 之间为中度相关，0.3~0.5 之间为低度相关，0.3 以下为弱相关。

表 4-47 中职医药卫生大类招生比率与广西区域产业产值比率之间相关系数

		医药卫生招生比率	桂一产产值比率	桂二产产值比率	桂三产产值比率	西一产产值比率	西二产产值比率	西三产产值比率	北一产产值比率	北二产产值比率	北三产产值比率
医药卫生招生比率	皮尔森相关	1	-0.351	-0.263	0.639*	-0.191	-0.346	0.710*	-0.200	-0.062	0.710*
	显著性（双向）		0.290	0.434	0.034	0.575	0.298	0.014	0.555	0.856	0.014
	N	11	11	11	11	11	11	11	11	11	11
桂一产产值比率	皮尔森相关	-0.351	1			0.921**	-0.483	-0.427	0.926**	-0.782**	-0.103
	显著性（双向）	0.290				0.000	0.133	0.190	0.000	0.004	0.763
	N	11	11			11	11	11	11	11	11
桂二产产值比率	皮尔森相关	-0.263	-0.569	1	-0.138	-0.481	0.630*	-0.305	-0.472	0.496	-0.237
	显著性（双向）	0.434	0.068		0.687	0.134	0.038	0.362	0.143	0.121	0.483
	N	11	11		11	11	11	11	11	11	11
桂三产产值比率	皮尔森相关	0.639*	-0.736**	-0.138	1	-0.713*	0.063	0.765**	-0.727*	0.534	0.319
	显著性（双向）	0.034	0.010	0.687		0.014	0.855	0.006	0.011	0.091	0.339
	N	11	11	11		11	11	11	11	11	11
西一产产值比率	皮尔森相关	-0.191	0.921**	-0.481	-0.713*	1	-0.712*	-0.201	0.999**	-0.944**	0.186
	显著性（双向）	0.575	0.000	0.134	0.014		0.014	0.553	0.000	0.000	0.584
	N	11	11	11	11	11	11	11	11	11	11

续表

		医药卫生招生比率	桂一产产值比率	桂二产产值比率	桂三产产值比率	西一产产值比率	西二产产值比率	西三产产值比率	北一产产值比率	北二产产值比率	北三产产值比率
西二产产值比率	皮尔森相关	-0.346	-0.483	0.630*	0.063	-0.712*	1	-0.544	-0.694*	0.837**	-0.669*
	显著性（双向）	0.298	0.133	0.038	0.855	0.014		0.084	0.018	0.001	0.024
	N	11	11	11	11	11	11	11	11	11	11
西三产产值比率	皮尔森相关	0.710*	-0.427	-0.305	0.765**	-0.201	-0.544	1	-0.226	-0.040	0.712*
	显著性（双向）	0.014	0.190	0.362	0.006	0.553	0.084		0.504	0.908	0.014
	N	11	11	11	11	11	11	11	11	11	11
北一产产值比率	皮尔森相关	-0.200	0.926**	-0.472	-0.727*	0.999**	-0.694*	-0.226	1	-0.944**	0.184
	显著性（双向）	0.555	0.000	0.143	0.011	0.000	0.018	0.504		0.000	0.589
	N	11	11	11	11	11	11	11	11	11	11
北二产产值比率	皮尔森相关	-0.062	-0.782**	0.496	0.534	-0.944**	0.837**	-0.040	-0.944**	1	-0.498
	显著性（双向）	0.856	0.004	0.121	0.091	0.000	0.001	0.908	0.000		0.119
	N	11	11	11	11	11	11	11	11	11	11
北三产产值比率	皮尔森相关	0.710*	-0.103	-0.237	0.319	0.186	-0.669*	0.712*	0.184	-0.498	1
	显著性（双向）	0.014	0.763	0.483	0.339	0.584	0.024	0.014	0.589	0.119	
	N	11	11	11	11	11	11	11	11	11	11

注：** 表示相关性在 0.01 水平上显著（双向）；* 表示相关性在 0.05 水平上显著（双向）。
相关系数绝对值在 0.8~1.0 之间为高度相关，0.5~0.8 之间为中度相关，0.3~0.5 之间为低度相关，0.3 以下为弱相关。

表 4-48 中职财经商贸大类招生比率与广西区域产业产值比率之间相关系数

		财经商贸招生比率	桂一产产值比率	桂二产产值比率	桂三产产值比率	西一产产值比率	西二产产值比率	西三产产值比率	北一产产值比率	北二产产值比率	北三产产值比率
财经商贸招生比率	皮尔森相关	1	-0.720*	0.508	0.449	-0.852**	0.741**	-0.016	-0.858**	0.937**	-0.537
	显著性（双向）		0.013	0.110	0.166	0.001	0.009	0.963	0.001	0.000	0.088
	N	11	11	11	11	11	11	11	11	11	11
桂一产产值比率	皮尔森相关	-0.720*	1	-0.569	-0.736**	0.921**	-0.483	-0.427	0.926**	-0.782**	-0.103
	显著性（双向）	0.013		0.068	0.010	0.000	0.133	0.190	0.000	0.004	0.763
	N	11	11	11	11	11	11	11	11	11	11
桂二产产值比率	皮尔森相关	0.508	-0.569	1	-0.138	-0.481	0.630*	-0.305	-0.472	0.496	-0.237
	显著性（双向）	0.110	0.068		0.687	0.134	0.038	0.362	0.143	0.121	0.483
	N	11	11	11	11	11	11	11	11	11	11
桂三产产值比率	皮尔森相关	0.449	-0.736**	-0.138	1	-0.713*	0.063	0.765**	-0.727*	0.534	0.319
	显著性（双向）	0.166	0.010	0.687		0.014	0.855	0.006	0.011	0.091	0.339
	N	11	11	11	11	11	11	11	11	11	11

续表

		财经商贸招生比率	桂一产产值比率	桂二产产值比率	桂三产产值比率	西一产产值比率	西二产产值比率	西三产产值比率	北一产产值比率	北二产产值比率	北三产产值比率
西一产产值比率	皮尔森相关	-0.852**	0.921**	-0.481	-0.713*	1	-0.712*	-0.201	0.999**	-0.944**	0.186
	显著性（双向）	0.001	0.000	0.134	0.014		0.014	0.553	0.000	0.000	0.584
	N	11	11	11	11	11	11	11	11	11	11
西二产产值比率	皮尔森相关	0.741**	-0.483	0.630*	0.063	-0.712*	1	-0.544	-0.694*	0.837**	-0.669*
	显著性（双向）	0.009	0.133	0.038	0.855	0.014		0.084	0.018	0.001	0.024
	N	11	11	11	11	11	11	11	11	11	11
西三产产值比率	皮尔森相关	-0.016	-0.427	-0.305	0.765**	-0.201	-0.544	1	-0.226	-0.040	0.712*
	显著性（双向）	0.963	0.190	0.362	0.006	0.553	0.084		0.504	0.908	0.014
	N	11	11	11	11	11	11	11	11	11	11
北一产产值比率	皮尔森相关	-0.858**	0.926**	-0.472	-0.727*	0.999**	-0.694*	-0.226	1	-0.944**	0.184
	显著性（双向）	0.001	0.000	0.143	0.011	0.000	0.018	0.504		0.000	0.589
	N	11	11	11	11	11	11	11	11	11	11

续表

		财经商贸招生比率	桂一产产值比率	桂二产产值比率	桂三产产值比率	西一产产值比率	西二产产值比率	西三产产值比率	北一产产值比率	北二产产值比率	北三产产值比率
北二产产值比率	皮尔森相关	0.937**	-0.782**	0.496	0.534	-0.944**	0.837**	-0.040	-0.944**	1	-0.498
	显著性（双向）	0.000	0.004	0.121	0.091	0.000	0.001	0.908	0.000		0.119
	N	11	11	11	11	11	11	11	11	11	11
北三产产值比率	皮尔森相关	-0.537	-0.103	-0.237	0.319	0.186	-0.669*	0.712*	0.184	-0.498	1
	显著性（双向）	0.088	0.763	0.483	0.339	0.584	0.024	0.014	0.589	0.119	
	N	11	11	11	11	11	11	11	11	11	11

注：**表示相关性在0.01水平上显著（双向）；*表示相关性在0.05水平上显著（双向）。
相关系数绝对值在0.8～1.0之间为高度相关，0.5～0.8之间为中度相关，0.3～0.5之间为低度相关，0.3以下为弱相关。

表 4-49 中职教育大类招生比率与广西区域产业产值比率之间相关系数

		教育招生比率	桂一产产值比率	桂二产产值比率	桂三产产值比率	西一产产值比率	西二产产值比率	西三产产值比率	北一产产值比率	北二产产值比率	北三产产值比率
教育招生比率	皮尔森相关	1	-0.861**	0.273	0.812**	-0.838**	0.342	0.524	-0.861**	0.786**	-0.077
	显著性（双向）		0.001	0.417	0.002	0.001	0.303	0.098	0.001	0.004	0.822
	N	11	11	11	11	11	11	11	11	11	11
桂一产产值比率	皮尔森相关	-0.861**	1	-0.569	-0.736**	0.921**	-0.483	-0.427	0.926**	-0.782**	-0.103
	显著性（双向）	0.001		0.068	0.010	0.000	0.133	0.190	0.000	0.004	0.763
	N	11	11	11	11	11	11	11	11	11	11
桂二产产值比率	皮尔森相关	0.273	-0.569	1	-0.138	-0.481	0.630*	-0.305	-0.472	0.496	-0.237
	显著性（双向）	0.417	0.068		0.687	0.134	0.038	0.362	0.143	0.121	0.483
	N	11	11	11	11	11	11	11	11	11	11
桂三产产值比率	皮尔森相关	0.812**	-0.736**	-0.138	1	-0.713*	0.063	0.765**	-0.727*	0.534	0.319
	显著性（双向）	0.002	0.010	0.687		0.014	0.855	0.006	0.011	0.091	0.339
	N	11	11	11	11	11	11	11	11	11	11

续表

		教育招生比率	桂一产产值比率	桂二产产值比率	桂三产产值比率	西一产产值比率	西二产产值比率	西三产产值比率	北一产产值比率	北二产产值比率	北三产产值比率
西一产产值比率	皮尔森相关	-0.838**	0.921**	-0.481	-0.713*	1	-0.712*	-0.201	0.999**	-0.944**	0.186
	显著性（双向）	0.001	0.000	0.134	0.014		0.014	0.553	0.000	0.000	0.584
	N	11	11	11	11	11	11	11	11	11	11
西二产产值比率	皮尔森相关	0.342	-0.483	0.630*	0.063	-0.712*	1	-0.544	-0.694*	0.837**	-0.669*
	显著性（双向）	0.303	0.133	0.038	0.855	0.014		0.084	0.018	0.001	0.024
	N	11	11	11	11	11	11	11	11	11	11
西三产产值比率	皮尔森相关	0.524	-0.427	-0.305	0.765**	-0.201	-0.544	1	-0.226	-0.040	0.712*
	显著性（双向）	0.098	0.190	0.362	0.006	0.553	0.084		0.504	0.908	0.014
	N	11	11	11	11	11	11	11	11	11	11
北一产产值比率	皮尔森相关	-0.861**	0.926**	-0.472	-0.727*	0.999**	-0.694*	-0.226	1	-0.944**	0.184
	显著性（双向）	0.001	0.000	0.143	0.011	0.000	0.018	0.504		0.000	0.589
	N	11	11	11	11	11	11	11	11	11	11

续表

	教育招生比率	桂一产产值比率	桂二产产值比率	桂三产产值比率	西一产产值比率	西二产产值比率	西三产产值比率	北一产产值比率	北二产产值比率	北三产产值比率
北二产产值比率 皮尔森相关	0.786**	−0.782**	0.496	0.534	−0.944**	0.837**	−0.040	−0.944**	1	−0.498
显著性（双向）	0.004	0.004	0.121	0.091	0.000	0.001	0.908	0.000		0.119
N	11	11	11	11	11	11	11	11	11	11
北三产产值比率 皮尔森相关	−0.077	−0.103	−0.237	0.319	0.186	−0.669*	0.712*	0.184	−0.498	1
显著性（双向）	0.822	0.763	0.483	0.339	0.584	0.024	0.014	0.589	0.119	
N	11	11	11	11	11	11	11	11	11	11

注：** 表示相关性在 0.01 水平上显著（双向）；* 表示相关性在 0.05 水平上显著（双向）。
相关系数绝对值在 0.8~1.0 之间为高度相关，0.5~0.8 之间为中度相关，0.3~0.5 之间为低度相关，0.3 以下为弱相关。

表 4-50 中职旅游大类招生比率与广西区域产业产值比率之间相关系数

		旅游招生比率	桂一产产值比率	桂二产产值比率	桂三产产值比率	西一产产值比率	西二产产值比率	西三产产值比率	北一产产值比率	北二产产值比率	北三产产值比率
旅游招生比率	皮尔森相关	1	0.486	-0.480	-0.190	0.716*	-0.853**	0.334	0.708*	-0.861**	0.705*
	显著性（双向）		0.130	0.135	0.575	0.013	0.001	0.315	0.015	0.001	0.015
	N	11	11	11	11	11	11	11	11	11	11
桂一产产值比率	皮尔森相关	0.486	1	-0.569	-0.736**	0.921**	-0.483	-0.427	0.926**	-0.782**	-0.103
	显著性（双向）	0.130		0.068	0.010	0.000	0.133	0.190	0.000	0.004	0.763
	N	11	11	11	11	11	11	11	11	11	11
桂二产产值比率	皮尔森相关	-0.480	-0.569	1	-0.138	-0.481	0.630*	-0.305	-0.472	0.496	-0.237
	显著性（双向）	0.135	0.068		0.687	0.134	0.038	0.362	0.143	0.121	0.483
	N	11	11	11	11	11	11	11	11	11	11
桂三产产值比率	皮尔森相关	-0.190	-0.736**	-0.138	1	-0.713*	0.063	0.765**	-0.727*	0.534	0.319
	显著性（双向）	0.575	0.010	0.687		0.014	0.855	0.006	0.011	0.091	0.339
	N	11	11	11	11	11	11	11	11	11	11

续表

		旅游招生比率	桂一产产值比率	桂二产产值比率	桂三产产值比率	西一产产值比率	西二产产值比率	西三产产值比率	北一产产值比率	北二产产值比率	北三产产值比率
西一产产值比率	皮尔森相关	0.716*	0.921**	-0.481	-0.713*	1	-0.712*	-0.201	0.999**	-0.944**	0.186
	显著性（双向）	0.013	0.000	0.134	0.014		0.014	0.553	0.000	0.000	0.584
	N	11	11	11	11	11	11	11	11	11	11
西二产产值比率	皮尔森相关	-0.853**	-0.483	0.630*	0.063	-0.712*	1	-0.544	-0.694*	0.837**	-0.669*
	显著性（双向）	0.001	0.133	0.038	0.855	0.014		0.084	0.018	0.001	0.024
	N	11	11	11	11	11	11	11	11	11	11
西三产产值比率	皮尔森相关	0.334	-0.427	-0.305	0.765**	-0.201	-0.544	1	-0.226	-0.040	0.712*
	显著性（双向）	0.315	0.190	0.362	0.006	0.553	0.084		0.504	0.908	0.014
	N	11	11	11	11	11	11	11	11	11	11
北一产产值比率	皮尔森相关	0.708*	0.926**	-0.472	-0.727*	0.999**	-0.694*	-0.226	1	-0.944**	0.184
	显著性（双向）	0.015	0.000	0.143	0.011	0.000	0.018	0.504		0.000	0.589
	N	11	11	11	11	11	11	11	11	11	11

续表

		旅游招生比率	桂一产产值比率	桂二产产值比率	桂三产产值比率	西一产产值比率	西二产产值比率	西三产产值比率	北一产产值比率	北二产产值比率	北三产产值比率
北二产产值比率	皮尔森相关（双向）	-0.861**	-0.782**	0.496	0.534	-0.944**	0.837**	-0.040	-0.944**	1	-0.498
	显著性（双向）	0.001	0.004	0.121	0.091	0.000	0.001	0.908	0.000		0.119
	N	11	11	11	11	11	11	11	11	11	11
北三产产值比率	皮尔森相关（双向）	0.705*	-0.103	-0.237	0.319	0.186	-0.669*	0.712*	0.184	-0.498	1
	显著性（双向）	0.015	0.763	0.483	0.339	0.584	0.024	0.014	0.589	0.119	
	N	11	11	11	11	11	11	11	11	11	11

注：** 表示相关性在 0.01 水平上显著（双向）；* 表示相关性在 0.05 水平上显著（双向）。

相关系数绝对值在 0.8~1.0 之间为高度相关，0.5~0.8 之间为中度相关，0.3~0.5 之间为低度相关，0.3 以下为弱相关。

4.6.2 广西中职专业结构与产业结构、就业结构的偏离度分析

本研究分别采用广西产业结构与就业结构、广西产业结构与专业结构之间的偏离度来反映产业结构与专业结构之间的适应性情况。

由表 4-28 数据可计算出：

（1）第一产业 C-J 平均结构性偏离度：

$$\frac{产业产值比率}{就业比率} - 1 = \frac{0.178}{0.533} - 1 = -0.67$$

第一产业 C-J 平均结构性偏离度为 -0.67，负值说明第一产业产值增加比率低于就业人口增加比率，即第一产业就业人口持续降低。

（2）第二产业 C-J 平均结构性偏离度：

$$\frac{产业产值比率}{就业比率} - 1 = \frac{0.452}{0.174} - 1 = 1.6$$

第二产业为 1.6，说明第二产业产值增加比率高于就业人口增加比率，并且第二产业仍有吸收大量劳动力的趋势。同时 C-J 结构性偏离度比较稳定，最高值、最低值与平均值相差不到 0.1%。从 2014 年以来，C-J 结构性偏离度呈持续上升趋势，这表明第二产业吸纳剩余劳动力的能力还在不断增强，同时专业结构对产业结构的适应性得到明显提升。

（3）第三产业 C-J 平均结构性偏离度：

$$\frac{产业产值比率}{就业比率} - 1 = \frac{0.370}{0.293} - 1 = 0.263$$

第三产业 C-J 平均结构性偏离度为正，C-J 值 0.263 更接近 0，表明第三产业产值比重不断增长的背景下吸收了大量的就业人口，且结构稳定性较好。

（4）第一产业 C-Z 平均结构性偏离度：

$$\frac{产业产值比率}{专业招生比率} - 1 = \frac{0.178}{0.083} - 1 = 1.14$$

第一产业 C-Z 平均结构性偏离度为 1.14，这一数据说明随着第一产业产值比率的增长，其对应的专业大类招生比率下降得很快。一方面

第一产业 C-Z 平均结构性偏离度呈下降趋势，另一方面第一产业就业人口数量最大，说明第一产业劳动生产率很低。

（5）第二产业 C-Z 平均结构性偏离度：

$$\frac{产业产值比率}{专业招生比率} - 1 = \frac{0.452}{0.244} - 1 = 0.85$$

第二产业 C-Z 值为 0.85，说明第二产业在产业结构中占主导地位，从数量上看，中职专业大类招生基本适应产业发展需求。2011 年以来，第二产业 C-Z 值存在增长趋势，说明第二产业发展对人才需求依然旺盛。

（6）第三产业 C-Z 平均结构性偏离度：

$$\frac{产业产值比率}{专业招生比率} - 1 = \frac{0.370}{0.673} - 1 = -0.45$$

第三产业 C-Z 值为负值，说明广西第三产业产值增长率低于专业招生增长率。2008 年，第三产业就业人口接近 2/3，招生人数最多的专业中绝大多数是第三产业相关专业。

4.6.3 广西中职教育经费投入与广西经济增长之间的因果关系

1. 分析样本和指标

为分析广西中职教育经费投入与经济增长的关系，本研究选取 2007—2016 年作为分析的样本期，把中职教育经费投入年增长率与地区总值增长率作为分析变量，分别用 GZTR 和 GXGDP 来表示，分析所需要的基础数据来源于《广西统计年鉴 2017》《中国职业教育经费统计年鉴 2017》。具体数据见表 4-51。

表 4-51 广西生产总值与广西中职教育经费投入增长情况数据表

年份	广西生产总值/亿元	广西生产总值增长率	广西中职教育经费投入/亿元	广西中职教育经费投入增长率
2007	5 835.33	0.153	22.28	0.291
2008	7 038.88	0.129	32.27	0.448

续表

年份	广西生产总值/亿元	广西生产总值增长率	广西中职教育经费投入/亿元	广西中职教育经费投入增长率
2009	7 784.98	0.140	38.18	0.183
2010	9 604.01	0.143	49.79	0.304
2011	11 764.97	0.123	50.84	0.021
2012	13 090.04	0.113	51.95	0.022
2013	14 511.70	0.102	49.59	-0.046
2014	15 742.62	0.085	51.40	0.037
2015	16 870.04	0.081	67.39	0.311
2016	18 317.64	0.073	71.16	0.056

注：根据《广西统计年鉴2017》《中国职业教育经费统计年鉴2017》公布的相关数据统计而成。

2. 格兰杰因果关系检验结果

首先用 SPSS 的 Pearson 检验二者之间是否存在相关性。见表4-52。

表4-52 广西生产总值增长率与广西中职教育经费投入增长率之间相关系数

		广西生产总值增长率	广西中职教育经费投入增长率
广西生产总值增长率	皮尔森相关	1	0.923**
	显著性（双向）		0.000
	N	10	10
广西中职教育经费投入/亿元	皮尔森相关	0.923**	1
	显著性（双向）	0.000	
	N	10	11

注：** 表示相关性在 0.01 水平上显著（双向）。

从相关系数 0.923 得出，广西中职教育经费投入与经济增长之间存在高度相关性。

然后检验二者是否存在因果关系。根据表4-51中广西中职教育经费投入和经济增长数据，运用 Eview 软件对数据进行运动迹检验和最大特征根检验两种方法的协整检验，结果显示，在 0.05 显著水平下，运动迹检验和最大特征根检验都拒绝协整方程数量为 0，即职业教育经费投入与经济增长之间存在一个协整方程，两者之间的关系是协整的，满足因果检验的前提条件。根据表 4-51 的统计数据对广西中职教育经费投入和经济增长进行格兰杰因果检验，结果如表 4-53 所示。

表 4-53　广西经济增长与广西中职教育经费投入增长之间的格兰杰因果关系

原假设	观测值	F 检验统计量	P 值
广西经济增长不是广西中职教育经费投入增长的原因	10	1.999 66	0.7413
广西中职教育经费投入增长不是广西经济增长的原因	10	0.331 36	0.2806

注：F 检验即联合假设检验，P 值是在 0.05 显著水平下的检验结果。

P 值 0.741 3 大于 0.05，接受原假设，即广西经济增长不是广西中职教育经费投入增长的原因；P 值 0.280 6 大于 0.05，拒受原假设，即广西中职教育经费投入的增加也不是广西生产总值增长的原因。

4.7　广西职业院校专业建设与中国－东盟国际经济合作适应性研究

4.7.1　广西职业院校专业建设与中国－东盟国际经济合作背景

1. 中国－东盟职业院校合作联盟的建立

在"2016 中国－东盟教育交流年"框架下，第九届中国－东盟教育交流周暨"中国－东盟跨界教育合作对话"于 2016 年 8 月 1—7 日召开，这次对话的预期目标是为配合国家"一带一路"倡议，从中外政府、办学者和企业的角度研讨中国－东盟跨境办学的政策环境、发展现状及趋势、各国需求及对办学者的期望，为利益相关者搭建交流与合作的平台，促进对话和经验分享，提升办学质量和水平。2016年8月1日召开的由东南亚国家120余所职业院校参与的"中国－东盟职业教育合作对话"开启了"中国－东盟跨界教育合作对话"的篇章。"中国－东盟职业教育合作对话"主要包括"政府与学校对话：中国－东盟职业教育合作政策支持和机制构建""学校间对话：中国－东盟职业教育合作重点、路径和机制构建"等议题，并提出建立中国－东盟职业院校合作联盟的倡议。倡议书要求中国和东盟职业院校促进双方平等对话、资源共享，在教（科）研合作、学生交换、师资培训、人才培养等领域开展交流合作。本次对话将促进中国高职教育主动对接东盟国家职业和技能的本土化人才需求，以双方职业院校为主体搭建机制化、常态化的交流平台，推动双方政府、学校、企业间的交流与合作。专业建设水平作为职业院校核心竞争力的标志，将在促进双方科研合作、学生交换、教师培训等工作，增强中国高校在与东盟合作中的话语权，提升中国职业院校服务企业海外发展的能力等方面发挥重要作用。

2. 提升广西高职教育国际化水平的紧迫性

无论是国家层面还是区域层面都对提升职业教育的国际化水平提出了明确方向和具体要求。《高等职业教育创新发展行动计划（2015—2018年)》对专科高职院校开展国际交流与合作提出了具体要求：配合国家"一带一路"倡议，助力优质产能走出去，扩大与"一带一路"沿线国家的职业教育合作；主动发掘和服务"走出去"企业的需求，培养具有国际视野、通晓国际规则的技术技能人才和中国企业海外生产经营需要的本土人才；支持专科高等职业院校将国际先进工艺流程、产品标准、技术标准、服务标准、管理方法等引入教学内容；与积极拓展国际业务的大型企业联合办学，共建国际化人才培养基地；发挥专科高等职业院校专业优势，配合"走出去"企业面向当地员工开展技术技能培训和学历职业教育；等等。《广西壮族自治区现代职业教育体系建设规划（2015—2020年)》提出要开展面向东盟的职业教育输出计划，充分发挥广西高职院校优质教育资源的辐射作用,通过东盟职业教育论坛项目、东盟职业教育师资培训项目、东盟职业教育合作项目等途径,面向东盟输出职业教育优势资源,扩大广西职业教育在东盟国家影响力,促进东盟国家提高职业教育发展水平和服务能力。高职教育的国际化本质上是高职教育专业的国际化,高职教育专业的国际化是通过专业建设要素的国际化来实现的。

4.7.2 广西高职教育专业建设适应中国-东盟国际经济合作的现状分析

1. 东盟各国高职教育发展的现状

在东盟各国中,新加坡的职业教育最发达,其次是泰国、马来西亚、文莱、印度尼西亚、菲律宾,再次是越南、老挝、柬埔寨、缅甸。除新加坡之外的其他东盟各国,一方面经济发展迅速;另一方面由于高职教育比较落后,跟不上经济发展的步伐,急需优质的职业教育输入以缓解技术技能人才供给不足的现状。中国-东盟自由贸易区的建立使广西成为我国内陆地区经北部湾走向东盟的最便捷通道,以及东盟各国进入我国内陆腹地的捷径,发展与东盟各国的职业教育国际合作,对中国-东盟国际经济合作具有战略意义。通过加强中国-东盟职业教育的对话合作,让东盟各国通过广西了解中国,让中国以广西为窗口了解东盟各国,将既有助于中国和东盟国家彼此更深入地了解、沟通与合作,同时也能更切合实际地促进中国-东盟国际经济合作与交流。

区域性是高等职业教育的基本特性之一。在东盟自由贸易区的10余个国家之中,中国与越南、缅甸、老挝3个国家陆地接壤,与菲律宾、马来西亚、印度尼西亚等国家隔海相望。中国面向东盟国家的前沿地带有广西、云南、海南、广东四省区,其中广西是中国唯一与东南亚既有陆地相连又有海洋相连的省区。广西作为中国与东盟各国交流与合作的"桥头堡",是连接中国内陆地区与东盟市场的重要通道,地处东南沿海经济圈大西南经济圈及大东盟经济圈的汇合部。同时,首府南宁被定为举办中国-东盟博览会的永久地址,与东盟国家在资源条件、产业结构、经贸方式等方面各有经济互补性，增加了提升广西与东盟国家经贸合作层次的良好机会。随着北部湾经济区、中国-东盟自由贸易区的建设和推进，为中国高职教育，尤其是广西高职教育输出提供了广阔的市场空间，一是可以学习新加坡的职业教育思想理念和模式，提升高职教育的国际化水平和质量；二是针对其余东盟各国的实际需要，通过实施"引进来"和"走出去"的发展策略，积极开拓职业教育全方位的发展空间和国际教育的市场空间，输出优质的职业教育资源和经验。

2. 广西高职教育的优势分析

2013年中国-东盟自贸区"升级版"概念的提出对区域人才能力框架提出了新的要求，中国-东盟自贸区不仅需要在经济合作、贸易往来、旅游管理等方面能够从事一线工作的服务型人才，更需要在工业制造、工程服务、矿产开采等重点领域具备熟练操作技能的应用型人才。"十二五"期间，广西高职院校的专业设置开始主动对接中国-东盟国际经济合作的人才需求。《"十二五"广西人才开发目录》明确提出中国-东盟自贸区"升级版"的人才需求范围和层次：第一产业主要体现在水利建设、农业和林业，其学历要求基本在专科层次，包括管理人才、经营管理人才、科技人才、高技能人才等，涉及质量管理、项目管理、商务管理、人力资源管理等75个专业；第二产业包括食品、石油和化工、汽车、有色金属、冶金、机械、电力、建材、船舶等，学历要求基本以专科为主，涉及国际贸易、物流管理、市场营销、计量管理等159个专业；第三产业包括现代物流与国际贸易、会展及旅游业、现代金融业、房地产业等，专业涉及物流技术、电子商务、海外贸易、会展旅游、市场策划、金融服务、理财保险、市场营销等35个，技能型人才需求量约占本产业全部人才需求的60%~70%。专业建设投入也不断加大，2015年共投入5.8亿万元支持27所高职院校建设58个特色专业及实训基地，极大改善了学校的实训条件等教学环境，丰富了学校办学特色，提高了人才培养质量。与东盟国家相比，广西高职教育专业建设具有明显的比较优势，具备输出先进的教育理念、人才培养模式、教学管理经验等优质教育资源的条件。

4.7.3 广西高职教育专业建设与中国-东盟国际经济合作的互动关系分析

根据社会交换理论，高职教育专业建设与区域经济发展之间存在交换式的互动关系。一是区域经济是高职院校进行专业建设的物质基础，高职教育的发展规模、发展速度、专业结构、人才培养层次等都要满足区域经济发展的需求，高职教育的专业建设必须建立在当地经济发展水平的基础上。二是高职教育本身具有促进区域经济发展的经济功能。高职教育推动经济发展的作用主要通过人才培养和科技创新，专业建设对经济发展所产生的重要影响体现在优化劳动力素质结构、促进区域经济技术创新发展和促进区域经济产业结构优化升级三个方面。区域经济一体化的发展，加速了劳动力市场的国际化分工及物质、资金、人力、信息等世界资源市场的形成，促使区域内的产业布局、产业结构和产业技术做出调整和变革，要求各国之间彼此了解各自的文化特点、历史背景、社会现实，而高职教育作为文化、技术等合作与交流的一种途径，承担着为区域经济一体化发展培养所需的国际型、通用型和专业型人才的重任。2010年建立的"中国-东盟自由贸易区"是目前世界人口最多的自贸区，也是发展中国家间最大的自贸区。随着"中国-东盟自由贸易区"建设的不断深入和区域经济一体化程度的不断加深，中国与东盟各国在经济、贸易、技术、文化、人才等方面的联系更为密切，东盟经济区急需一大批在各行各业掌握扎实理论知识、熟练操作技能、精通专业技术的高素质高技能人才。高职教育对于区域经济发展的促进作用主要体现高职教育资源的输出，包括输出先进的教育理念、办学思想、教学模式、课程开发、人才培养等高职教育教学资源，也包括把这些资源投放到市场，去吸引东盟国家留学生、为东盟国家提供培养培训服务。高职教育专业建设通过实施国际化人才培养、技术咨询和服务、优质课程资源输出等为中国-东盟国际经济合作提供人力支持、智力支持和技术资源，在提高中国高职院校在中国-东盟教育交流与合作中的话语权的同时，也推动了区域经济一体化的进程。

第 5 章 分析与讨论

5.1 对职业院校专业建设特色化现状的分析结果

5.1.1 中高职专业目录修订体现了专业结构主动适应产业结构变化的规律要求

1. 2018 版中职学校专业目录修订的主要特色

一是适应职业岗位变化，淘汰或调整"僵尸"专业。

取消职业岗位消亡的专业。随着技术发展和产业转型升级，一些职业岗位逐步消亡。如电力行业常规仪表已被计算机取代，故取消火电厂热工仪表安装与检修专业。由于国家垄断经营产品政策变化，相关专卖品岗位基本消亡，故取消专卖品经营。取消人才需求层次上移的专业。适应行业技术发展水平提高，对人才专业能力、就业、学历等方面要求的相应提高，取消航空油料管理专业。取消可由相关专业替代的专业。近年医院等机构对财会人员要求更多来自财会类专业，医药卫生财会专业需求减少，故不再单独设置该专业。合并岗位需求萎缩或招生极少的专业。将气象服务、雷电防护技术整合为气象技术与服务专业，农村环境监测、环境检测技术合并为生态环境检测技术专业。会计电算化合并到会计专业中作为专业技能方向，商品画制作与经营合并到工艺美术专业中作为专业技能方向，将核心能力趋同的商品经营、房地产营销与管理、客户服务等专业并入市场营销专业。

二是适应职业岗位变迁，调整专业定位与内涵。

根据中职层次对应的职业岗位实际需求更改专业名称。例如，服务农村一二三产业融合发展，适应观光农业、体验农业、创意农业等新业态需求，将观光农业经营专业更名为休闲农业经营。适应运输行业公路运输管理岗位人才需求层次上移，运营服务岗位需求增多的情况，将公路运输管理专业调整为交通运营服务专业。

适应岗位要求新变化调整原有专业技能方向。一方面，对接新业态，对应新职业（岗位）、新需求，新增专业技能方向。如服务农村电商发展，在电子商务专业下新增农村电商方向。适应"互联网+"行业新发展，在数字媒体技术应用专业下新增数字出版方向，在染整技术专业下新增生态染整技术、数码印花方向。另一方面，统一分类口径，整合原有专业方向。如现代农艺技术专业将经济作物方向并入农作物方向，避免"大方向"与"小方向"并存。数字媒体技术应用专业将原有8个方向整合为4个新方向，护理专业将原有8个方向整合为5个新方向，避免专业方向划分过细，使其更加符合中职层次的专业定位。

适应职业岗位综合化发展、复合型能力要求增强的需求，不设技能方向。如植物保护、通信运营服务、国际商务、助产、康复技术、眼视光与配镜等专业取消所有专业方向。

结合新兴产业技术变化快、岗位变动大的实际，不设技能方向。面向新兴行业新增的工业机器人技术应用、增材制造技术应用、新能源汽车装调与检修等专业，专业内涵尚有待丰富和发展，暂不设置专业方向，方便学校灵活开设专业，提高学生对职业岗位变化的适应性，满足产业发展需求。

2. 2015版高职专业目录修订的主要特色

2015版高职专业目录修订原则对于经济社会和职业教育自身发生

的巨大变化以及对高职院校专业设置提出的新要求做出了积极回应，主要包括：一是主动适应经济发展新常态，促进经济提质增效、转型升级，实施"互联网+"行动、《中国制造2025》等国家战略，对高职院校专业设置和人才培养提出了新要求。二是战略新兴产业兴起，行业交叉发展以及新技术、新产品、新业态、新商业模式导致新的职业（群）不断涌现，亟须对专业分类和设置进行补充与调整。三是加快发展现代职业教育，构建现代职业教育体系，改革创新高等职业教育，要求形成与之相适应的人才培养结构和专业衔接体系。四是加快转变政府职能，扩大学校办学自主权，推进教育治理体系和治理能力现代化，要求进一步深化专业设置管理机制改革。修订内容和特色具体表现为以下几方面。

一是更加适应现代产业发展的新要求。

围绕国家产业发展战略需要，按照"互联网+"行动、《中国制造2025》等要求，对接新产品、新技术、新业态、新模式，重点调整、增设了面向产业价值链中高端的相关专业。如适应现代农业发展需要，设置了"现代农业技术""休闲农业""生态农业技术""农村经营管理""动物医学""绿色食品生产与检验"等专业，列举了"工业化农业""农业物联网技术""家庭农场经营管理""合作社经营管理"等专业方向。

适应先进制造业发展需要，围绕《中国制造2025》要求，将原"制造大类"更名为"装备制造大类"，增设"铁道装备""船舶与海洋工程装备""航空装备""汽车制造"等专业类，设置了"工业机器人技术""物联网应用技术""物联网工程技术""智能产品开发""工业网络技术""无人机应用技术""新能源汽车技术""新能源装备技术"等专业，列举了"航空产品3D打印""三网融合技术""智能家居开发""增材制造技术"等专业方向。

围绕推进"互联网+"行动，设置了"移动互联应用技术""分布式发电与微电网技术""智能交通技术运用""智能控制技术""汽车智能技术""网络新闻与传播""云计算技术与应用"等专业，列举了

"大数据技术应用""网络数据分析应用""商务数据分析应用""车联网应用技术"等专业方向。

适应现代服务业及新业态、新商业模式发展需要，设置"健康管理与促进""电子商务""物流""民族文化""文化服务"等专业类，设置了"互联网金融""移动商务""网络营销""品牌代理经营""冷链物流技术与管理""采购与供应管理""体育运营与管理""健身指导与管理""民族传统技艺""文化创意与策划"等专业，列举了"跨境电子商务""高级家政管理""小微企业管理""中医营养与食疗""中医健康管理""体检管理""用药指导""时尚有氧运动""SPA管理"等专业方向。

二是更加符合高职教育人才培养目标。

高等职业教育担负着培养适应技术进步、生产方式变革和社会公共服务需要的高素质技术技能人才的重任，依照高等职业教育人才培养目标和规格，原则上专业大类对应产业、专业类对应行业、专业对应职业岗位群或技术领域，突出职业性和高等教育属性。专业类别和专业划分主要参考《国民经济行业分类》《职业分类大典》，按照职业岗位群与技术业务领域同一性划分，同时兼顾学科分类。如在调整材料与能源大类时，综合参考《国民经济行业分类》相关行业划分和本科专业目录中的"能源动力类""材料类"，设置"能源动力与材料大类"。同时，对片面追求专业名称高端，但不符合高职人才培养层次定位的专业进行了调整或取消，如"招商管理""教育管理""工商行政管理"等。

三是更加强化以促进学生就业为导向。

2015版目录在"专业名称"之后列举了"主要对应职业类别"。根据高等职业教育人才培养定位，"主要对应职业类别"主要来自《职业分类大典（2015年版）》中的小类（根据从业人员的工作环境、工作条件和技术性质等的同一性划分），列举了1 634次共291个职业类别，占《职业分类大典》全部434个小类的67%，基本覆盖了适合高职院校毕业生就业的职业类别。这种列举明确了专业与职业岗位（群）、技术领域的关系，对于帮助学生和家长选择专业、明确和把握就业方向具有重要作用，同时也为社会用人单位选用高职院校毕业生提供了重要参考。

四是更加注重技术技能人才系统培养。

为推进现代职业教育体系建设，统筹中高职专业设置，打通技术技能人才成长通道，2015 版目录设置了"衔接中职专业""接续本科专业"条目，依据《中等职业学校专业目录》和《普通高等学校本科专业目录》，有 643 个专业列举了 1 280 次共 306 个衔接中职专业，724 个专业列举了 1 492 次共 343 个接续本科专业，为职业院校学生今后的继续学习与职业生涯更好发展指明了方向。

五是更加完善专业设置动态调整机制。

高职专业目录实行动态管理，每五年修订一次，每年增补一次专业，并向社会公布。按照"宽窄结合、以宽为主""宽专业、窄方向"的原则，为促进专业稳定性和灵活性的有机统一，高校可自行设置非国家控制的高职专业的专业方向，这为高职院校根据办学需要合理、灵活调整专业设置提供了基本保障。同时，还对专业指导与监督提出明确要求，对不合格的专业点实行减少招生、专业整改、撤销专业点等退出机制。

5.1.2 广西职业教育专业建设主动适应"职业教育与产业发展对接"需要

2015 年《广西壮族自治区现代职业教育体系建设规划（2015—2020 年）》提出的主要目标任务是构建职业教育与产业发展对接体系。

1. 职业院校定位布局与产业发展布局有效对接

加强基础能力建设，提升服务区域传统产业、支柱产业的能力；通过职业教育民族文化传承创新工程项目，提高服务民族文化产业的能力，打造职业教育服务产业发展的核心能力；通过职业教育扶贫富民工程项目，提升服务扶贫富民开发、劳动力转移培训能力；通过人才培养质量提升工程和职业教育区域合作工程项目，提升其面向重点产业、战略性新兴产业等重点领域产业的人才培养能力。

2. 职业教育专业结构与现代产业结构的有效对接

积极发展面向重点产业的专业，严格控制面向非重点产业的专业，减少供过于求的专业招生规模，形成专业结构随产业发展动态调整机制。建设面向重点产业或战略性新兴产业的优势专业群，面向区域传统或支柱产业急需的特色专业群，重点建设与广西"14+10"千亿元产业、战略性新兴产业相适应的专业。建设适应农村改革和农村现代化需求的涉农专业，服务农村新生劳动力转移就业、扶贫富民和民族文化传承创新需求的特色专业。

3. 实现职业教育人才培养层次、规模与产业需求规模的有效对接

中等职业教育招生规模与产业需求的中级技术技能型人才需求规模保持基本一致，高等职业教育招生规模与产业需求的高端技术技能型人才需求规模保持基本一致，专业学位研究生教育达到一定的规模。扩大面向在岗职工的职业继续教育规模，使各类一线岗位劳动人员都有机会接受知识更新和技术技能更新教育。

4. 实现职业教育培养层次与产业技术进步或产业升级的人才层次需求有效对接

中等职业教育在职业教育体系中发挥基础性作用，在中等职业学校、培训机构和企业开展系统化的技术技能教育，重点培养现代农业、工业、服务业和民族传统工艺需要的一线技术技能型人才。高等职业专科教育培养高级技术技能型人才，本科教育培养高端应用型人才，在职业教育体系中发挥引领作用。在高等职业学校和应用型本科院校开展高等职业学历教育和高等职业继续教育，面向广西"14+10"千亿元重点产业和战略性新兴产业培养复合型、应用型技术技能人才。

5.2 对职业院校专业建设特色化实证研究的分析结果

5.2.1 中职学校专业结构的相关分析

1. 三次产业对应的大类招生比率与产值比率、就业比率之间的相关性

一产招生比率与二产产值比率、二产就业比率之间存在高度正相关,即随着一产招生比率的增长,二产产值比率、就业比率也增长,说明一产对应的专业建设促进了第二产业发展,同时在第一产业内部没有充分就业的劳动力也转向了第二产业内部。一产招生比率与一产产值比率之间存在中度负相关,与一产就业比率之间不存在相关性,说明第一产业对应的专业结构与其产业结构之间适应性较差。一产招生比率与三产就业比率之间存在高度负相关,说明随着一产招生比率的降低,三产就业比率是上升的。

二产招生比率与一产产值比率、一产就业比率之间存在高度正相关,说明第二产业对应的专业建设有力促进了第一产业的发展。同时,二产招生比率与二产就业比率之间存在中度负相关,说明专业结构与就业结构之间是不相适应的。

三产招生比率与三产产值比率之间存在高度正相关、与三产就业比率之间存在中度正相关,说明第三产业对应的专业结构与其产业结构、就业结构之间是基本适应的。同时,三产招生比率与一产就业比率之间存在中度负相关,说明随着三产招生比率不断增长,一产就业比率不断下降,三产对应的专业建设有力促进了农村剩余劳动力的转移,提高了城镇化率。

2. 重点专业大类招生比率与产业产值比率、就业比率之间的相关性分析结果

中职学校重点专业选取了招生规模较大的7个专业，分别是土木建筑大类、加工制造大类、交通运输大类、电子信息大类、财经商贸大类、旅游大类和教育大类。分析结果如下：

土木建筑大类招生比率与一产就业比率之间存在高度负相关，说明土木建筑大类专业建设很大程度上推动了农村剩余劳动力转移，也提高了城镇化率。土木建筑大类招生比率与建筑业产值比率之间存在高度正相关，说明其专业结构与建筑业产业结构之间是高度适应的。

加工制造大类招生比率与一产产值比率、就业比率之间存在高度正相关，说明加工制造大类专业建设有力促进了第一产业的经济增长，也促进了第一产业就业结构的优化。加工制造大类招生比率与二产产值比率、就业比率之间存在中度负相关，与工业产值比率之间不存在相关性。说明加工制造大类专业结构与第二产业结构、就业结构之间是基本不适应的。也就是说，在第二产业内部没有充分就业的劳动力很可能流入素质要求较低的第一产业内部。

交通运输大类招生比率与一产就业比率之间存在高度负相关，说明该大类专业建设也有效促进了农村剩余劳动力转移。同时，交通运输大类招生比率与二产产值比率、就业比率之间存在中度正相关，说明交通运输大类专业发展一定程度上促进了第二产业的经济增长和就业人口的增加。交通运输大类招生比率与三产产值比率、就业比率不存在相关性，说明其专业结构与第三产业结构、就业结构之间适应性程度很弱。

电子信息大类招生比率与一产产值比率、就业比率之间存在高度正相关，说明一方面电子信息大类专业建设促进了第一产业经济增长，另一方面在电子信息产业内部没有得到充分就业的劳动力也流入层次较低的第一产业内部。电子信息大类招生比率与二产产值比率之间存在中度负相关、与就业比率之间存在高度负相关，说明电子信息大类专业建设对于第二产业经济增长没有形成推动作用，并且影响到第二产业就业队伍的壮大。电子信息大类招生比率与三产产值比率、就业比率不存在相

关性，说明其专业结构与第三产业结构、就业结构之间适应性程度很弱。

财经商贸大类招生比率与一产产值比率、就业比率之间存在高度负相关，说明财经大类专业建设在很大程度上推动了农村剩余劳动力转移，也提高了城镇化率；与二产产值比率、就业比率之间存在中度正相关，说明财经大类专业建设有助于第二产业经济增长和就业人口的增加；与三产产值比率、就业比率不存在相关性，说明财经大类专业结构与第三产业结构、就业结构之间适应性程度很弱。

旅游大类招生比率与一产产值比率存在高度正相关，说明旅游大类专业招生规模促进了第一产业经济增长，也有效转移了农村剩余劳动力；与二产就业比率之间存在中度负相关，说明旅游大类招生规模的增长一定程度上降低了第二产业就业人口比重；与三产产值比率、就业比率不存在相关性，说明旅游大类专业结构与第三产业结构、就业结构之间适应性程度很弱。

教育大类招生比率与一产就业比率之间存在高度负相关，说明教育大类专业发展也有效促进了农村剩余劳动力转移；与三产产值比率、就业比率不存在相关性，说明教育大类专业结构与第三产业结构、就业结构之间适应性程度很弱。

3. 专业大类招生比率与区域产业结构之间的相关性分析结果

一产招生比率与北部湾经济区、西江经济带二产产值比率之间存在中高程度正相关，说明一产大类专业建设促进了第二产业经济增长。二产招生比率与三大区域一产产值比率之间存在高度正相关，说明二产大类专业建设也有效促进了第一产业经济增长；与北部湾经济区二产产值比率之间存在高度负相关，与桂西经济区、西江经济带二产产值之间不存在相关性，说明第二产业对应的专业结构与区域产业结构之间存在明显的不适应性。三产招生比率与桂西经济区、西江经济带三产产值之间存在中高程度正相关，说明第三产业对应的专业结构与两大区域产业结构之间是基本适应的；与北部湾经济区三产产值之间不存在相关性。

4. 重点专业大类招生比率与区域产业产值比率之间相关性分析结果

土木建筑大类招生比率与北部湾经济区二产产值之间相关系数是

0.899，呈高度正相关，说明土木建筑大类专业建设与北部湾经济区产业发展之间是高度适应的；与桂西经济区、西江经济带二产产值之间不存在相关性。土木建筑大类招生比率与三大区域一产产值比率之间存在中高度负相关，说明土木建筑大类招生规模大，一产产值比率呈下降趋势。

加工制造大类招生比率与三大区域一产产值比率之间存在高度正相关，说明加工制造大类专业建设大力促进了第一产业产值增长；与西江经济带、北部湾经济区二产产值比率之间存在中高程度负相关，与桂西经济区二产产值比率之间不存在相关性，说明其专业结构与区域产业结构之间适应性较差。

交通运输大类招生比率与北部湾经济区二产产值比率之间存在高度正相关，说明交通运输大类专业发展有力促进了北部湾经济区第二产业发展；与桂西经济区三产产值比率之间存在中度正相关，说明交通运输大类专业建设与桂西经济区第三产业发展是基本适应的。

电子信息大类招生比率与三大区域一产产值比率均存在高度正相关，说明电子信息大类专业建设有力促进了区域第一产业经济增长；与桂西经济区三产产值比率之间存在中度负相关，与其他两大区域三产产值比率之间不存在相关性，说明电子信息大类专业结构与区域产业结构之间存在明显的不适应性。

医药卫生大类招生比率与三大区域三产产值比率之间存在中度相关性，说明医药卫生大类专业建设与第三产业发展需求之间是基本适应的。

财经商贸大类招生比率与西江经济带一产产值比率之间存在高度负相关，与二产产值比率之间存在中度正相关，说明随着财经商贸大类招生比率的上升，西江经济带二产产值比率也在上升，一产产值比率在下降。财经商贸大类招生比率与北部湾经济区二产产值比率之间存在高度正相关，说明财经商贸大类专业建设促进了北部湾经济区第二产业的发展。

教育大类招生比率与三大区域一产产值比率之间存在高度负相关，

说明随着教育大类招生比率上升，一产产值比率下降；与桂西经济区三产产值比率之间存在高度正相关，说明教育大类专业发展与第三产业发展之间是高度适应的；与北部湾经济区二产产值比率之间存在中度正相关，说明教育大类专业建设一定程度上促进了第二产业发展。

旅游大类专业招生比率与西江经济带、北部湾经济区一产产值之间存在中度正相关，说明旅游大类专业建设促进了第一产业经济增长；与北部湾三产产值比率之间存在中度正相关，说明旅游大类专业结构与第三产业发展需求之间是基本适应的。

5.2.2 高职院校专业结构的相关分析

1. 专业大类招生比率与对应产业产值比率、就业比率之间相关性分析

一产招生比率与一产产值比率、就业比率之间均不存在相关性；一产产值比率与一产就业比率之间具有高度正相关，说明随着一产产值比率增长，一产就业比率也不断增长，反之也一样。一产产值比率、一产就业比率与二产产值比率之间存在高度正相关，说明第一、第二产业之间是互相促进发展的关系。

二产招生比率与二产产值比率、二产就业比率之间存在高等程度正相关，说明第二产业对应的专业结构与其产业结构、就业结构之间是基本适应的。二产招生比率与三产招生比率、产值比率和就业比率的相关系数存在中高程度负相关，说明第二产业专业结构与第三产业发展之间是不太适应的。二产产值比率与二产就业比率之间具有高等程度正相关，说明第二产业结构与就业结构之间是基本适应的；二产产值比率与一产就业比率之间具有高等程度正相关，说明第二产业发展促进了第一产业就业率增长。

三产招生比率与三产产值比率、就业比率之间具有高等程度正相关，说明第三专业结构结构、产业结构与就业结构之间是高度适应的；三产招生比率与二产产值比率、二产就业比率之间存在高等程度负相关；三产招生比率与一产产值比率、一产就业比率之间也存在中

高等程度负相关；三产就业比率与一产就业比率、一产产值比率之间存在高度负相关，说明第三产业对产值的贡献率大大超过第一产业，第三产业的发展对于转移第一产业剩余劳动力和加速城镇化起到关键作用。

2. 重点产业对应的专业招生比率与产业产值比率、就业比率之间相关性结果分析

制造业大类招生比率与三次产业产值比率、就业比率之间不存在相关性，与工业产值比率之间也不存在相关性；土木建筑大类招生比率与三次产业产值比率、就业比率之间不存在相关性，与建筑业产值比率之间也不存在相关性；交通运输大类招生比率与二产就业比率之间存在中高程度相关，与交通运输业产值比率之间不存在相关性；电子信息大类招生比率与一产就业比率、二产就业比率之间分别存在中等程度负相关，与三产产值比率、三产就业比率之间不存在相关性；医药卫生大类招生比率与二产就业比率之间存在中高程度负相关，与三产产值比率、三产就业比率之间不存在相关性；财经商贸大类招生比率与二产就业比率之间存在高等程度负相关，与三产产值比率、三产就业比率之间不存在相关性；旅游大类招生比率与二产产值比率、二产就业比率之间存在中高程度负相关，与一产就业比率之间存在中等程度负相关，与三产就业比率之间存在中等程度正相关，与三产产值比率不存在相关性。

3. 三次产业对应的专业大类招生比率与区域产业产值比率之间的相关性分析结果

一产招生比率与桂西资源富集区、西江经济带、北部湾经济区的产值比率之间不存在相关性。

二产招生比率与桂一产产值比率、北一产产值比率之间存在高等程度正相关，与西三产产值比率、北三产产值比率之间存在高度负相关。

三产招生比率与三大区域三产产值比率之间存在高等程度正相关，与西二产产值比率之间存在高等程度负相关；与桂一产产值比率、北一产产值比率之间具有高等程度负相关。

4. 重点产业对应的专业大类招生比率与区域产业产值比率之间相关性分析结果

制造大类招生比率与桂二产产值比率之间相关系数是 0.834，呈高等程度正相关，与其他区域产业发展不存在相关性。土木建筑大类招生比率与三大区域三次产值比率之间不存在相关性。交通运输大类招生比率与三大区域三次产值比率之间不存在相关性。电子信息大类招生比率与桂一产产值比率之间相关系数是 -0.804，呈高等程度负相关；与区域其他产业产值比率之间不存在相关性。财经商贸大类招生比率与三大区域三次产值比率之间不存在相关性。医药卫生大类招生比率与三大区域三次产值比率之间不存在相关性。旅游大类招生比率与桂一产产值比率之间相关系数是 -0.759，呈中等程度负相关；与区域其他产业产值比率之间不存在相关性。

5.3 中高职专业建设特色化比较分析

5.3.1 中职学校专业结构与广西产业结构之间适应性研究结果分析

1. 对应第一产业的专业结构与产业结构、就业结构之间存在结构性矛盾

从相关性结果看，一产招生比率与一产产值比率存在中等程度负相关，与一产就业比率不存在相关性。从偏离度结果看，一产产值比率与就业比率之间平均结构性偏离值是 -0.67，一产产值比率与专业大类招生比率之间平均结构性偏离值是 1.14。这些数据表明，农林牧渔专业结构与第一产业结构、就业结构之间存在明显的不适应性，并且随着第一产业产值比率的增长，其就业比率和专业招生比率下降得更快。从具体数据看，第一产业就业人口占全部就业人口的平均值是 53.3%，平

均产值比率是17.8%，即超过1/2的就业人数创造了接近1/6的地区产业产值，说明第一产业内部劳动年龄人口的受教育程度和整体素质偏低，这也是造成第一产业劳动生产率偏低的根本原因。2017年广西劳动年龄人口平均受教育年限达9.76年，所以，提升劳动年龄人口素质最合适的途径是实施和扩大中职教育与技能培训。

2. 对应第二产业的人才供给存在中低端供给和无效供给现象

从相关性结果看，二产招生比率与二产就业比率存在中等程度负相关，与二产产值比率不存在相关性，说明对应第二产业的专业建设与产业发展需求之间存在结构性矛盾。二产招生比率与一产产值比率、就业比率存在高等程度正相关，一是说明对应第二产业的专业建设拉动了第一产业发展，二是说明在第二产业内部没有得到充分就业的劳动年龄人口流入到劳动生产率更低的第一产业内部。从偏离度结果看，二产产值比率与就业比率之间平均结构性偏离值是1.6，尽管2011年以来二产产值比率有小幅度下降，但是广西工业化发展任务艰巨，从工业化中期阶段到工业化后期阶段依然存在很大的发展空间，对于促进和实现产业转型升级的技术技能人才需求依然旺盛，所以，第二产业发展吸收了大量的就业人口。但是，对于第二产业的专业大类人才培养与供给没有对产业产值增长和就业率提高起到促进作用，从具体数据看，2007—2016年二产产值比率平均值是45.2%，说明第二产业在广西经济发展中占据主导地位，但是第二产业就业比率仅占到17.4%，大类招生比率占到24.0%。从重点专业建设与产业结构、就业结构的相关性检验结果看，招生规模比较大的土木建筑大类、加工制造大类的招生比率与第二产业产值比率、就业比率之间均不存在相关性。以上数据说明中职学校提供的人才在数量和质量两方面都不能满足与适应第二产业发展需求，尤其是工业化过程中的产业转型升级需要，技术技能人才中低端供给和无效供给现象严重。

3. 对应第三产业的专业结构与产业结构之间基本适应，但出现部分专业招生过热现象

从相关性结果看，三产招生比率与三产产值比率、就业比率之间均

存在中等程度正相关，说明对应第三产业的专业结构与产业结构、就业结构之间是基本适应的。从表4-28数据也得知，2010年以来，三产产值比率、就业比率和招生比率都呈逐步上升趋势，说明专业建设和发展明显促进了第三产业产值增长和就业率的上升。从偏离度结果看，三产产值比率与就业比率之间平均结构性偏离值是0.263，数值更趋向于0，表明产业结构和就业结构之间的稳定性较好。三产产值比率与招生比率之间平均结构性偏离值是-0.45，说明专业大类招生增长比率明显快于三产产值增长比率，部分专业出现招生过热现象。从重点专业建设与产业结构、就业结构的相关性检验结果看，招生规模较大的交通运输大类、电子信息大类、财经商贸大类、医药卫生大类、教育大类的招生比率与三次产业产值比率、就业比率之间均不存在相关性。从表4-28数据看，2006—2016年三产产值比率平均值是37%，就业比率平均值是29.3%，招生比率平均值是67.3%，招生比率的增长速度明显快于产值比率和就业比率，劳动力市场出现了供过于求的不平衡现象。同时，三产招生比率与一产就业比率之间存在正相关，说明对应第三产业的专业建设与人才培养促进了农村剩余劳动力转移，提高了城镇化率。

4. 中职教育专业结构与不同区域产业结构之间适应性程度差异明显

首先，农林牧渔大类招生比率与三大区域第一产业产值比率之间不存在相关性。对应第二产业的专业大类招生比率与三大区域第二产业产值比率之间不存在相关性或存在负相关。对应第三产业的专业大类招生比率与桂西经济区、西江经济带的三产产值比率之间存在正相关，与北部湾经济区不存在相关性。说明中职教育专业建设对接区域产业发展需求、专业结构对接产业结构的有效性不足。

其次，分析重点专业建设与区域产业发展之间的相关性结果：土木建筑大类专业建设与北部湾经济区产业发展是高度适应的，但是与其他两个区域不存在相关性。加工制造大类、交通运输大类、电子信息大类、医药卫生大类、财经商贸大类、教育大类、旅游大类的专业建设与区域经济发展不存在相关性或者存在负相关，也充分说明了中职教育专业建设对接区域产业发展需求的有效性不足。

5. 中职教育发展与广西生产总值之间不存在因果关系

从格兰杰因果关系检验结果分析：中职教育发展与广西生产总值之间互相不存在因果关系，说明广西经济发展推动中职教育发展、中职教育发展促进经济发展的内生动力和互动机制还没有形成。

5.3.2 高职院校专业结构与广西产业结构之间适应性研究结果分析

1. 第一产业在人才供给数量与质量均存在不足

从相关系数分析：首先，第一产业对应的专业大类招生比率与第一产业产值比率和就业比率都不存在相关性，说明与第一产业对应的专业在人才数量供给上明显不足，其招生人数和比率逐年下降的事实也证实了这一结果。但是从就业结构上看，在第一产业就业的人口数量是最多的，2017年其就业人数占就业总人数的比率接近1/2，创造的产值却不足1/7，也说明当前广西第一产业内部劳动年龄人口的受教育程度普遍较低，这也是其劳动生产率偏低的根本原因。

从结构性偏离值分析：第一，第一产业产值增长比率与就业比率的平均结构性偏离度为 -0.7，负值表示第一产业就业人口不断下降。第一产业产值增长比率与专业招生比率的平均结构性偏离度为 7.72，说明随着第一产业产值增长比率不断上升，其专业招生比率却迅速下降，第一产业内部结构性失衡严重。2017年广西劳动年龄人口平均受教育年限达9.76年，这也说明提升劳动年龄人口素质最合适的途径是通过扩大中职教育与技能培训，从而实现农村剩余劳动力转移和加速城镇化的目的，有效措施还包括重点发展现代农业、强大农业创业平台、加强教育扶贫和产业扶贫等。

2. 第二产业是广西经济发展的主导，但是专业建设要求对接产业发展需求面临诸多挑战

第一，第二产业对应的专业大类招生比率与第二产业产值比率、二产就业比率都呈高度正相关（0.805、0.976，见表4-5），说明专业人才培养的数量供给充足，并且有力促进了第二产业产值增长；第二产业

对应的专业大类招生比率与第三产业产值比率、就业比率呈中高程度负相关（-0.777、-0.934，见表4-5），说明第二产业对应的专业大类招生比率增长导致了第三产业产值比率和就业比率的下降。第二产业对应的专业大类招生比率与第一产业就业比率呈高度在相关（0.916，见表4-5），说明随着第二产业对应的专业大类招生比率增长，第一产业内部就业的比率也随之增长。

第二，第二产业C-Z值为0.48，说明第二产业在产业结构中占主导地位，从数量上看，高职专业大类招生基本适应产业发展需求，2013年以来，第二产业C-Z值存在增长趋势。结合相关性分析结果，专业发展并没有对产业发展起到明显促进作用，即第二产业对应的专业建设目标和人才供给质量与产业发展需求之间的吻合度还不够。因人才培养质量不能基本满足市场需求而极有可能造成人才浪费和劳动力市场结构性失衡，在第二产业内部无法吸收的就业力量只可能流动到劳动生产率较低的第一产业内部。

3. 第三产业吸收了大量就业人口，但是专业人才培养效率和质量偏低

从相关系数分析，第三产业的招生比率与三产产值比率、就业比率之间呈高度相关性，说明第三专业结构、产业结构与就业结构之间的适应程度要远远超过第一产业和第二产业。同时第三产业招生比率、就业比率均与第一产业就业比率呈高度负相关，说明了第三产业发展和专业发展对转移第一产业内部的剩余劳动力起到了关键作用。

从偏离度结果分析，第三产业-就业平均结构性偏离度为正，表明第三产业产值比重不断增长的背景下吸收了大量就业人口。第三产业-专业值为负值，说明广西第三产业产值增长率落后于专业招生增长率，这一结果与近些年第三产业对应的专业大类招生人数持续上升的事实有关，如财经商贸大类，2019年广西高职排序前十的热门专业中，前三名的专业分别是会计、市场营销和电子商务。客观原因是从第一、二产业内部分离出来的农业相关服务业和工业相关服务业都纳入第三产业系统，所以对于各类服务业的人才需求数量不断攀升；主观原因可能是与

第一产业、第二产业内部的工作环境相比,第三产业内部工作强度较小、收入水平较高。

4. 高职教育发展是广西经济社会发展的内在原因

从格兰杰因果关系分析结果得知:广西经济发展不是高职教育发展的格兰杰原因,而广西高职教育发展是广西经济发展的格兰杰原因。这说明了广西经济发展不是高职教育发展的内生动力,很可能是政策推动的结果,而高职教育发展促进了广西经济增长,在专业结构与产业结构相互关系中,专业发展处于被动地位。

5.4 广西职业教育专业建设与中国-东盟经济合作适应性结果分析

近年来,广西职业院校通过积极组织教师、学生参加和服务一年一度的"中国-东盟博览会"和"中国-东盟商务与投资峰会""泛北部湾经济论坛"等国际性大型会议、论坛,来对接中国-东盟经济合作与交流的人才培养目标。为适应中国-东盟自由贸易区的人才需求,广西高职院校应结合自身办学的能力及特点,按照中国-东盟自由贸易区发展对人才的客观需要,紧紧围绕服务、贸易、管理和第三产业发展等来设置专业,拟订切实可行的人才培养方案,形成自己的人才培养特色,在业务方向、服务方向、人才类型与质量等方面,要主动适应中国-东盟自由贸易区的建设和发展。

第 6 章 研究结论

6.1 基本观点

6.1.1 外部环境是影响职业院校专业建设特色化改革的基本条件

1. 技术进步对技术技能型人才提出从"职业资格"到"职业能力"的转型要求

当今社会正进入数字化革命时代和智能制造时代,《国务院关于积极推进"互联网+"行动的指导意见》将人工智能列为推进"互联网+"的 11 项重点行动之一,世界经济论坛发布认为,基因学、人工智能、机器人、纳米技术、3D 打印和生物技术等领域的发展预示着世界已进入第四次工业革命。随着整个产业体系的调整,大部分职业也将经历转型,而"技能不确定性"是其转型的主要特征。《未来就业报告》强调要重视学习者跨行业且所有工作领域都需要的技能和能力,包括具有适应劳动力市场变化的通识性或稳定性职业能力、跨行业的职业技能和通用能力、工作场所学习和经验积累、严谨的工作精神和实践技能等。总之,技术的进步对技术技能型人才提出从"资格"向"能力"转变的要求,"资格"和"能力"在职业教育领域特指职业资格和职业能力。职业资格是进入工作领域的最基本要求,即职业的资质要求,其主要缺陷是难以灵活适应不断变化的职业环境;职业能力是将职业资格与协作能力、创造能力、冒险精神和社会化行为有效结合在一起,将具有强烈个人色彩的素质、知识和实际本领高度合成的个性化心理结构,它是有效应付不确定的工作环境和参与对未来工作创造的"新型资格"。

2. 《中国制造2025》对技术技能人才供给模式提出从"供给导向"到"需求导向"的改革需求

制造业是一国经济的主体,为实现经济结构转型升级,重塑制造业竞争新优势,主要发达国家纷纷提出了"再工业化"战略。德国提出以"虚拟-实体系统(GPS)"为核心建立智能工厂的"工业4.0"战略,美国提出着眼于生物产业、绿色能源、新信息技术等高回报高科技领域的"先进制造业国家"战略,英国推出培养全面发展的高端技术人才以实现工业转型升级的"英国工业2050"战略,法国提出以实现"生态能源转型、民生经济和新技术发展"为国家优先事项的"新工业法国"战略,等等。在全球制造业格局面临重大调整的国际背景下,我国提出了"中国制造2025"规划,该规划成为我国实现从制造大国向制造强国转变的行动指南。厚植制造业在产业链中的竞争优势,首先要建立由科技创新人才、经营管理人才、技术开发人才和技能型人才等共同结成的人才供给链条,为建立从研发、转化、生产到管理的产业价值链提供人才支持和智力保障,具体包括从事关键性技术开发的创新型专业人才、适应产品全生命周期管理需要的复合型专业人才、配合企业"走出去"战略的国际化专业人才以及从事生产性服务业的技术技能人才等。

总之,为适应技术进步和促进产业转型升级的需求,高职教育专业建设的发展方向在纵向上需要加强专科层次、本科层次和研究生层次人才培养的学制关联,提升专业人才培养功能,促进企业技术技能积累;在横向上要重视技术理论与技能操作一体化、技术人才与技能人才相互融合的课程关联,提高专业人才培养效率。

6.1.2 现实困境是决定职业院校专业建设特色化改革的内在动力

1. 技术技能人才供求结构失衡凸显高职院校专业建设现状具有滞后性

在完全竞争的市场条件下，价格作为一只"看不见的手"，可以自动调节商品供给与需求的数量，从而达到均衡。劳动力市场的供需均衡集中地表现为人力资源的供给与需求之间的匹配程度高，当前技术技能型人才队伍存在的突出问题是"低端供给过剩"与"中高端供给不足"并存。"低端供给过剩"主要表现为技术技能人才的就业质量不高，根据《2016中国高等职业教育质量年度报告》的调查结果：2016届高职院校毕业生就业的专业相关度是64%，与本科71%对比还存在一定差距，其就业满意率也仅有63%，高职毕业生的就业竞争力和就业稳定性明显不如本科毕业生，"用非所学"现象还比较严重。"中高端供给不足"表现为高层次、创新性和复合型技术技能人才的稀缺，高档数控机床和机器人、生物医药、农机装备、节能与新能源汽车四个领域人才供给属于供不应求阶段；经济发达区域持续发生的"技工荒"成为其产业转型升级的软肋，包括适应技术革命的创新型人才数量不足，"高级技师"等高端技术技能人才的求人倍率持续升高，配合中国企业"走出去"战略的国际化、复合型人才供给不足等。"人才供给相对过剩"有力证明了教育体系内部因人才培养不合格而存在教育浪费，"有效供给明显不足"则说明在就业结构内部因人力资源使用不充分而存在就业浪费。"因技术进步而造成的结构性失业问题"其根本原因在于学校培养的人才无法满足技术进步和经济发展的新需求，而过剩的人力资源超过了现有经济体的吸收能力。所以，高职院校专业建设的基本理念必须从供给导向转变为需求导向，调查和论证人才需求的现状和趋势是开展专业建设特色化的必要前提。

2. 技能短缺反映出学校主导的人才培养模式具有先天局限性

不少高职院校存在着专业设置缺乏多样性、培养内容缺乏前瞻性、课程体系缺乏系统性等问题，导致其专业建设模式和人才培养模式难以体现行业特征与专业特色，如高职院校开设的节能与新能源汽车领域的相关专业并没有完全体现节能与新能源特色。此外，由于涉足跨学科跨专业的专业方向设置不足，复合型和创新型的技术技能人才培养数量和质量远远跟不上市场需求，导致人力资源市场上结构性过剩与技能短缺同时存在。由于以学校为本位的职业教育存在着"先天缺陷"，学校主导的人才供给结构与行业企业发展实际需求往往发生脱节，难以对劳动力市场做出灵活反应和主动变革，从而造成人力资源的"技术性浪费"。市场经济体制下，高职院校专业建设必须对劳动力市场上技术技能人才的低效供给做出反应和采取行动，而以高质量和低成本为主要特征的现代学徒制成为目前技术技能人才培养的理性选择。与学校形态的职业教育相比，重视企业在人才培养过程中发挥关键性主体作用的现代学徒制育人模式有着鲜明的竞争优势，它不仅能更好地适应劳动力市场的人才需求变化，协调教育、就业与经济的关系，而且有利于降低毕业生从学校到工作的门槛，提高中小企业对人才的吸引力和竞争力，有效缓解结构性失业的矛盾等，是改变当前技术技能人才培养现状的可行性途径。

6.1.3 专业建设主动适应产业发展需求是实现专业建设特色化的改革理念

从广西职业教育专业结构与产业结构的相关性、偏离度和格兰杰因果关系分析结果可以得出：高职教育发展有力促进了广西产业发展和经济增长，但是在专业结构与产业结构之间也存在明显不适应性，人才供给与人才需求之间既存在总量不足，也存在结构性失衡。要实现专业结构适应产业结构、专业建设符合产业发展、人才供给满足人才需求的目标，需要"产业"和"专业"双方共同发力、协同发展。

在产业结构方面，由于目前广西处于工业化发展中期阶段，工业化进程中任务复杂而繁重，同时面临着加深产业结构高级化程度和工业化与信息化、制造业与服务业融合程度的发展要求。制造业是一个国家或地区的经济基础，当前制造业对于经济发展的意义已主要不是通过提高在整个经济中的占比来吸纳就业和提高经济增长率，而在于制造业是技术创新的主要来源，先进制造技术的广泛应用可以助推以劳动密集型为主的传统产业的转型升级，促进传统产业与新兴产业的融合发展，提高第一产业和第三产业的现代化水平。所以，第二产业对应的专业设置与人才培养规格要最大限度地符合产业发展对人才的多元化需求，需要产业界高度关注和真正参与技术技能人才培养、劳动年龄人口的素质教育和技能培训工作。

在专业建设方面，职业院校要主动适应产业发展的多元需求，走特色化建设道路。首先，要遵循"因地制宜"的原则，服务于区域经济发展战略，确定专业建设的区域化特色；其次，要适应区域产业发展布局需要，以提高专业对区域经济发展的现状和未来的高度适应性；最后，通过人才培养质量提升工程和职业教育区域合作工程，提升高职院校面向重点产业、战略性新兴产业等重点领域产业的人才培养能力，实现专业结构与现代产业结构、人才培养规模与产业需求规模、人才培养层次与产业转型升级的人才层次需求的有效对接。

6.1.4 创新专业建设体制机制是落实特色化发展的制度安排

2015年6月23日颁布的《教育部办公厅关于建立职业院校教学工作诊断与改进制度的通知》提出，建立职业院校教学工作诊断与改进制度是不断完善内部质量保证制度体系和运行机制、持续提高技术技能人才培养质量的重要举措和制度安排。2015年7月27日颁布的《教育部关于深化职业教育教学改革全面提高人才培养质量的若干意见》强调，职业院校要结合自身优势，全面开展教学诊断与改进工作，切实发挥学校的教育质量保证主体作用。2015年10月19日颁布的《高等职业教育创新发展行动计划（2015—2018年）》提出，要加强专科高等职业院校的专业建设，以高等职业院校人才培养工作状态数据为基础，开展教学诊断和改进工作。2016年4月7日颁布了《中等职业学校教学工作诊断与改进指导方案（试行）》，该方案包含6个诊断项目、16个诊断要素、99个诊断点，其中"专业建设状态要素"包括5个诊断点。从以上政策文本分析，开启和实施专业建设的诊断与改进模式是新阶段职业院校教育教学改革的主要方向。

"中国制造2025"也被称为中国版的"工业4.0"规划，该规划特别注重吸引中小企业参与，并强调要激发中小企业创业创新活力，力图使中小企业成为新一代智能化生产技术的使用者和受益者。中小企业不仅是吸纳技术技能人才就业的主要群体，更是职业院校的直接利益相关者。因此，加强专业建设诊断与改进工作，培养适应和提升中小企业技术创新能力与市场竞争能力的技术技能人才队伍，是新阶段职业院校的历史使命和重要贡献。

6.2 研究结论

6.2.1 加强专业设置的统筹布局，建立专业结构适应区域经济发展需求的对接体系

不同地区之间因历史因素、自然因素、经济基础、资源配置等具有不平衡性而造成了经济发展的区域空间差异性，这是区域经济非均衡发展理论的现实基础。区域经济梯度转移理论是区域经济非均衡发展理论最具有代表性的理论之一，它是指在经济创新活动中产生的新兴产业、新产品、新工艺、新技术和新方法等首先发源于高梯度地区，然后逐渐向低梯度地区转移。高职教育作为与区域经济发展联系最为紧密的类型教育，其人才培养的规模、层次与规格均受到区域经济发展水平的制约，区域经济非均衡发展直接造成了高职院校发展的不平衡性和其专业建设的梯度性。因此，第一，高职教育专业建设特色化改革要遵循"因地制宜"的原则，服务于区域经济发展战略，重点分析专业所在区域的地理环境、资源优势、人才结构、就业状况和生源素质等因素，确定专

业建设的区域化特色。第二，高职院校的办学定位要适应区域产业发展布局需要，以提高专业对区域经济发展的现状和未来的高度适应性。第三，通过人才培养质量提升工程和职业教育区域合作工程，提升高职院校面向重点产业、战略性新兴产业等重点领域产业的人才培养能力，实现专业结构与现代产业结构有效对接、人才培养规模与产业需求规模有效对接、人才培养层次与技术进步和产业转型升级的人才层次需求有效对接的产教融合办学模式等。

6.2.2　实现人才培养目标的梯次接续，建构人才供给结构适应技术和产业转型升级的培养体系

系统化界定职业教育体系内部不同层次的专业人才培养目标，首先要从区域经济发展对人才需求的层次结构考虑，深入研究哪些职业或职业岗位应该被中等职业教育专业所覆盖，哪些需要被高等职业教育的专科层次专业、本科层次专业和研究生层次专业分别覆盖。其次要加快构建从中职教育、高职教育专科层次、本科层次到专业学位研究生教育的一贯制人才培养体系。中等职业教育在职业教育体系中发挥基础性作用，以培养中级技术技能型人才为目标，对接现代农业、工业、服务业需要培养技艺型、操作型人才。高等职业教育在现代职业教育体系中要发挥引领作用，以培养高端技术技能型人才为目标，对接区域重点产业和战略性新兴产业，其专科层次重点培养推动制造业转型升级衔接配套的技术技能紧缺人才和能工巧匠，本科层次重点培养适应产品全生命周期管理需要的复合型人才和企业经营管理人才。专业学位研究生教育以培养创新型专业技术人才为目标，对接产业转型升级、企业技术革新和国家创新战略培养技术领军人才和工程技术人才。与此同时，要重视对不同层次间职业教育课程内容的衔接与整合，以最大限度地发挥职业教育人才培养的资源优势，提高高职院校专业的人才培养效率和办学效益。

6.2.3 推进专业利益相关方的协同发力,实施产教互动融合、校企跨界融合的育人机制

现代学徒制育人机制作为一种典型的跨界教育行为,它要求尊重专业办学主体的意见和利益,通过健全政府、院校、行业、企业等多元主体共同参与、共同决策的治理机制,使各专业建设主体之间形成角色清晰、职能独立、相互作用的协同性特色,提升人才培养功能。第一,落实政府在推进现代学徒制的政策保障和资金支持上的主导作用,并有效促成行业企业、职业院校和职业教育研究机构系统化地参与到职业教育政策的讨论中,建立多元主体对话协商、公共参与的制度框架和具有竞争性的制度环境,制定国家、地方和行业协调统一的、对行业企业参与职业院校办学具有约束力的法律法规体系。第二,加强行业组织在现代学徒制育人过程中的舵手作用。行业组织的主要职责包括对可招收学徒的企业的"培训资格"进行管理,为校企双方的教学安排提供咨询指导,鼓励中小企业提供学徒培训岗位,为学徒提供继续深造或进入高等院校继续学习的机会。第三,强调企业在现代学徒制实施过程中的关键性主体作用,维护企业在项目实施、专业建设、课程教学和成绩考核与评价等方面的权利,利用税收扶持、企业参与学徒奖励等开拓多元化的资金补助渠道,激发企业的积极性。第四,发挥学校对学生(学徒)进行职业生涯规划的指导作用。学校需要建立专门的职业指导教师的培养培训制度和管理制度,对学生(学徒)职业生涯规划进行科学指导,力求对每个学生的潜力形成一个正确的看法,对某些学生的学习困难情况做出判断并提出个性化的培养方案,提高学徒的实习和培训质量。

6.2.4 开展跨学科跨专业研究的共创共享,构建通识教育与专业教育交叉融合的课程体系

技术的进步将导致许多学科专业的课程内容发生变化,除了硬技能和正式资格外,未来的企业雇主将更加关注与工作相关的实践技能,以及与所有工作领域相关的基本能力以及跨行业、跨部门相关的技术技

能、管理技能和社会技能。《国家教育事业发展"十三五"规划纲要》提出要改革人才培养机制,实行学术人才和应用人才分类、通识教育和专业教育相结合的培养制度。专业教育(special education)是培养学生将来从事某种职业所需要的能力的教育,通识教育(general education)是努力培养"全人"(whole man),"全人"的含义同时包括是一个合格的公民(good citizen)和一个有用的人(useful man)。专业教育的目标更多地关注将学生"培养成一个有用的人",通识教育重在培养作为民主社会的合格公民所应具有的思想的交流、恰当的判断、价值的辨别等通用能力,并强调理想和信念的重要性。通识教育和专业教育并不是处于相互竞争的位置,恰恰相反,通识教育应当渗透在所有的专业教育中,而专业教育所开设的每门课程都应当对通识教育做出可识别的贡献,因为专业领域的通识教育课程不仅能够为那些继续追求高层次教育的学生提供必需的理论基础,也为普通学生构建自身的知识系统提供丰富的材料,帮助学生达成对本领域的宽广视野和学术性掌握。所以,建构高职院校的专业课程体系,不仅要关注专业的核心课程建设,也要重视专业的导论性课程和通识教育课程,探索和建立专业课程与通识性、跨学科课程的整体设计和实施方案,形成专业教学内容体系的融合性特色,这不仅是建立一贯制职业教育人才培养体系的基础工程,也将为复合型、创新型技术技能人才培养提供基本框架。

6.2.5 加强专业建设诊断与改进工作,形成纵深推进、高效互动的专业管理机制

1. 建立专业建设诊断与改进的基层组织机构

机制的运行是通过结构和过程来实现的,首先就是要建立健全专业建设诊断与改进的组织运行机制。2005年齐齐哈尔职业学院颁布了《齐齐哈尔职业学院专业法人条例》,为增强专业的发展活力和充分发挥专业负责人的积极性、创造性,当时的齐齐哈尔职业学院授予每个专业组织以法人资格。专业法人的含义是指经学院批准的、享有教育权利和履行教育责任的专业教育组织,其属性包括有稳定来源的教育经费,

有专业名称、相应的师资队伍和教育场所，独立承担该专业的教育责任。专业法人坚持开一个专业、办一个实体、兴一个产业、创一个品牌的专业建设理念，让学校融入市场的最佳切入点，是使支撑学校发展的专业具有企业化组织特征和市场化运行机制，因为只有快捷灵活的组织结构才能够应对灵活多变的市场需求。开展专业建设诊断与改进工作也要从建立专业层面的组织机构和管理制度入手，实施权力下放、重心下移和矩阵式的扁平化模式。权力下放即"分权"，它包括专业建设与发展的责、权、利的同时下放，当院校内部治理结构和管理制度的改革落实在最基本的、以专业为单位的基层组织机构时，其本身就是一个创业性的行动和过程。

2. 建立专业建设诊断与改进的主体责任制度

毋庸置疑，专业负责人、专业带头人或专业教研室主任是开展专业诊断与改进工作的主体，只有落实其主体责任制度才能真正实现责、权、利的统一。专业诊断与改进主体的"责"主要包括负责组建专业教学指导委员会，负责建立校内外实习实训基地，负责本专业教师队伍的领导和管理，负责学生职业指导和就业指导，负责组织本专业教育科研活动，负责创办与本专业相关的经济实体等；"权"主要包括：招生计划权（学院每年招生计划的制订，首先由各专业法定代表人依据本专业教学能力和就业情况，提出本专业年度招生计划），课程设置权（根据社会需求情况，对本专业进行课程计划的设置及调整），教学组织权（本专业教师的聘用及解聘权，受聘教师课时费标准建议权，本专业的专业建设费支配权）；"利"主要是指承担专业诊断与改进的负责人在工资待遇、职务晋升、职称评定、学术成果出版等方面所获得的物质奖励和精神嘉奖。建立主体责任制度，是落实和开展专业建设诊断与改进工作的关键。

3. 建立专业建设诊断与改进的数据支撑体系

《教育部办公厅关于建立职业院校教学工作诊断与改进制度的通知》提出，职业院校要充分利用信息技术，建立校本人才培养工作状态数据管理系统，及时掌握和分析人才培养工作状况，依法依规发布社会关注的人才培养核心数据。在以大数据为特征的知识经济时代，谁占有强大的基础数据，谁就占领了市场竞争优势的制高点，因此，开展有效的数据统计工作是做好专业建设诊断与改进的前提和基础。目前，能够获得职业教育专业建设人才供求信息的主要渠道有：通过学校的招生就业办公室和大学生就业创业基地可以了解劳动力市场的人才需求信息，通过毕业生人才招聘会或人才信息交流会等可以了解人才供给信息，通过外聘的兼职教师和参加顶岗实习的学生可以获得人才供求信息反馈，接受地方教育行政部门、行业主管部门、人力资源和社会保障部门的信息咨询服务等。根据基础数据来分析专业设置和调整的发展趋势，为专业诊断和改进工作提供数据支撑，以专业就业质量数据为基础，有效推动专业或专业群的资源集聚和结构优化，从而促进专业自适应机制和动态调整机制的建立。

4. 建立专业建设诊断与改进的多元合作平台

通过职教集团提供的各种平台来参与区域产业发展规划、制订专业建设规划等，可以为产业、企业参与职业教育奠定基础；通过联合开展技术攻关和研发，直接为产业转型升级提供服务；通过资源集约和有偿服务方式建立稳定的职业训练和员工培训场所，更好地解决师资、场所、设备等教育教学资源不足的难题。建立职教集团的最终目标也是为了实现专业与产业的对接，因为专业的设置数量与对接产业的发展规模、技术含量有密切的关系，发展规模决定人才需求的数量，技术含量决定人才需求的规格，而这些正是职业院校专业诊断与改进制度建设的逻辑起点。因此，成立以区域产业为纽带、以行业组织为主导、以多元主体平等协作的职教集团是专业建设诊断与改进的最佳平台。

参考文献

[1] 国务院办公厅. 国务院办公厅关于深化产教融合的若干意见 [EB/OL]. (2017-12-19). http://www.gov.cn/zhengce/content/2017-12/19/content_5248564.htm.

[2] 教育部，发展改革委，财政部，人力资源社会保障部，农业部，国务院扶贫办. 教育部 发展改革委 财政部人力资源社会保障部 农业部 国务院扶贫办关于印发《现代职业教育体系建设规划 (2014—2020年)》的通知 [EB/OL]. (2014-06-16). http://www.gov.cn/gongbao/content/2014/content_2765487.htm.

[3] 国务院. 国务院关于印发国家教育事业发展"十三五"规划的通知 [EB/OL]. (2017-01-19). http://www.gov.cn/zhengce/content/2017-01/19/content_5161341.htm.

[4] 国务院. 国务院关于积极推进"互联网+"行动的指导意见 [EB/OL]. (2015-07-04). http://www.gov.cn/zhengce/content/2015-07/04/content_10002.htm.

[5] 广西壮族自治区国民经济和社会发展第十三个五年规划纲要 [EB/OL]. (2016-06-07). http://www.gxzf.gov.cn/zwgk/fzgh/index.shtml.

[6] 广西壮族自治区现代职业教育体系建设规划 (2015—2020年) [EB/OL]. (2016-07-08). http://www.fcgs.gov.cn/zxbs/msfw/jyfw/zyjy/201608/t20160802_27894.html.

[7] 广西壮族自治区人民政府办公厅关于印发广西人力资源和社会保障事业发展"十三五"规划的通知 [EB/OL]. (2016-09-21). http://fgw.nanning.gov.cn/fggz/fzgh/t109963.html.

[8] 广西壮族自治区教育厅关于印发《广西壮族自治区教育厅贯彻落

实《国务院办公厅关于加快中西部教育发展的指导意见》的实施意见》的通知［EB/OL］．（2017－02－21）．https://wenku.baidu.com/view/9e5b45fb59fafab069dc5022aaea998fcc22408b.html.

［9］广西壮族自治区人民政府．广西教育事业发展"十三五"规划［EB/OL］．（2017－02－27）．https://www.gxust.edu.cn/ghc/info/1064/1114.htm.

［10］国家教委关于印发《关于普通中等专业学校专业设置管理的原则意见》的通知［EB/OL］．（1993－03－23）．https://law.lawtime.cn/d613036618130.html.

［11］中华人民共和国教育部．中等职业学校专业目录（2010年修订）［EB/OL］．（2010－05－12）．http://www.moe.gov.cn/jyb_xwfb/xw_fbh/moe_2606/s3644/s3909/s3915/201007/t20100712_91546.html.

［12］教育部办公厅关于征求对新版《中等职业学校专业目录》意见的函［EB/OL］．（2018－12－26）．http://www.moe.gov.cn/srcsite/A07/moe_953/201901/t20190103_365857.html.

［13］中国高职高专教育网．《普通高等学校高职高专教育指导性专业目录（试行）》及本专科专业对应表［EB/OL］．（2004－11－01）．https://www.tech.net.cn/news/show－73747.html.

［14］教育部关于印发《普通高等学校高等职业教育（专科）专业设置管理办法》和《普通高等学校高等职业教育（专科）专业目录（2015年）》的通知［EB/OL］．（2015－10－28）．http://www.moe.gov.cn/srcsite/A07/moe_953/201511/t20151105_217877.html.

［15］广西壮族自治区统计局．2018广西统计年鉴［M］．北京：中国统计出版社，2019.

［16］教育部财务司，等．2018中国教育经费统计年鉴［M］．北京：中国统计出版社，2019.

［17］广西壮族自治区教育厅．关于开展2011年广西高等学校特色专业及课程一体化建设项目申报工作的通知［EB/OL］．（2013－03－21）．http://www.gxedu.gov.cn/jrzg/2011.

[18] 涂三广. 职业院校专业建设：要素与逻辑 [J]. 中国职业技术教育, 2012 (21): 61-65.

[19] 刘伟. 中职学校专业设置存在的问题 [J]. 职业与教育新视野, 2007 (8): 59-60.

[20] 刘健. 论经济转型视角下中职学校专业建设的五个关系 [J]. 才智, 2012 (3): 268.

[21] 李从如. 差异化战略与高职院校特色专业建设探究 [J]. 中国市场, 2014 (43): 153-154, 180.

[22] 孔德兰. 高职院校专业特色化建设机制研究 [J]. 黑龙江高教研究, 2010 (10): 69-71.

[23] 黄东昱. 论高职院校特色专业的内涵及其建设策略 [J]. 南昌高专学报, 2008, 23 (6): 149-151.

[24] 陈海燕, 张一平. 地方高职院校特色专业建设实践研究——以娄底职业技术学院为例 [J]. 中外企业家, 2010 (14): 205-206.

[25] 李翠莲, 喻穹. 高职院校特色专业建设的思考 [J]. 当代教育论坛（宏观教育研究）, 2007 (17): 116-117.

[26] 马文姝, 白凤臣. 高职院校特色专业建设的思考 [J]. 价值工程, 2011, 30 (11): 265-266.

[27] 王东. "校企合作"困境的社会交换论解释 [J]. 职教论坛, 2013 (12): 19-22.

[28] 卢晓宁. 从人力资源市场供求分析中职教育的专业建设——基于浙江省的研究 [J]. 职教论坛, 2012 (9): 51-55.

[29] 孙云志. 高职院校治理：基于社会互动理论的考察 [J]. 教育与职业, 2016 (8): 16-20.

[30] 翟静丽. 西方教育选择理论述评 [J]. 外国教育研究, 2006, 33 (2): 28-32.

[31] 杨竹. 高职教育供求理论模型的构建 [J]. 合肥师范学院学报, 2008, 26 (2): 83-86.

[32] 李芳玲. 高等职业院校专业建设及管理研究 [D]. 济南：山东师

范大学，2007.

[33] 杨竹.高职教育的经济学分析［D］.合肥：安徽大学，2007.

[34] 王全旺.高职教育与劳动力市场需求协调发展研究——以天津为例［D］.天津：天津大学，2010.

[35] 代晓容.职业教育校企合作中的不对等交换问题研究［D］.广州：广东技术师范大学，2015.

[36] 朱卫彬.高职院校发展专业特色的实证研究——以湖南交通工程职业技术学院为例［D］.长沙：中南大学，2009.

[37] 梁荔.高职院校特色专业建设研究——以岳阳职业技术学院为例［D］.长沙：湖南师范大学，2011.

[38] 中国与东盟对话职业教育合作新路径［EB/OL］.（2016 - 08 - 02）.http：//www.cnidea.net/edu/3147.html.

[39] 黄宏伟.职业教育专业建设新论［M］.杭州：浙江大学出版社，2014：58 - 68.

[40] 广西壮族自治区高等职业教育质量年度报告（2019）［EB/OL］.（2019 - 01 - 30）.http：//jyt.gxzf.gov.cn/zfxxgk/zfxxgknb/zyjyjl/t3155164.shtml.

[41] 唐述荣.中国 - 东盟自贸区"升级版"建设与广西高职教育发展［J］.职业技术教育，2014（35）：70 - 71.

[42] 严云鸿.中国 - 东盟自由贸易区建设与我国国际化人才的培养［J］.东南亚纵横，2012（4）：47 - 51.

[43] World Economic Forum.The Future Job［EB/OL］.（2016 - 01 - 18）.http：//reports.weforum.org/future - of - jobs - 2016/.

[44] 联合国教科文组织.教育——财富蕴藏其中［M］.北京：教育科学出版社，1996：80.

[45] 胡斌武，陈朝阳，吴杰."中国制造2025"与现代职业教育发展路径探索［J］.山西大学学报（哲学社会科学版），2016（12）：91 - 96.

[46] 姜大源，职业教育：供给与需求辨［J］.中国职业技术教育，

2008（4）：8-9.

[47] 上海市教育科学研究院，麦可思研究院. 2016年中国高等教育质量年度报告［M］. 北京：高等教育出版社，2016：3-4.

[48] 人社部：我国迫切需要大批技能人才［EB/OL］.（2015-09-22）. http://news.xinhuanet.com/fortune/201509/22/c_1116644513.htm.

[49] 姜大源. 职业教育学研究新论［M］. 北京：教育科学出版社，2007：113.

[50] 哈佛委员会. 哈佛通识教育红皮书［M］. 李曼丽，译. 北京：北京大学出版社，2010：154.

[51] 赵志群. 现代学徒制的复兴［N］. 中国教育报，2014-05-12.

[52] 王国光，殷新红. 现代学徒制，企业为何不"感冒"［N］. 中国教育报，2014-05-12（6）.

[53] 黄雪薇. 基于校企实体合作模式下的高职师资队伍建设探析［J］. 中小企业管理与科技，2014（2）：195-196.

[54] 李玉静. 第四次工业革命背景下的职业教育发展［J］. 职业技术教育，2016，37（7）：1.

[55] 黄群慧. 论中国工业的供给侧结构性改革［J］. 中国工业经济，2016（9）：19.

[56] 黄群慧. 中国的工业化进程：阶段、特征与前景［J］. 经济与管理，2013（7）：7.

[57] 国务院关于加快发展现代职业教育的决定［EB/OL］.（2014-05-02）. http://old.moe.gov.cn//publicfiles/business/htmlfiles/moe/moe_1778/201406/170691.html.

[58] 高等职业教育创新发展行动计划［EB/OL］.（2015-10-21）. http://www.moe.edu.cn/srcsite/A07/moe_737/s3876_cxfz/201511/t20151102_216985.html.

[59] UNESCO. Education 2030：incheon declaration and framework for action for the implementation of sustainable development goal 4［EB/OL］. http://unesdoc.unesco.org/images/0024/002456/245656E.pdf. 2016.

[60] 上海市教育科学研究院,麦克思研究院.2015年中国高职教育质量年度报告[M].北京:高等教育出版社,2015.

[61] 上海市教育科学研究院,麦克思研究院.2017年中国高职教育质量年度报告[M].北京:高等教育出版社,2016.

[62] 张立新.培养大国工匠是时代使命[J].中国人力资源社会保障,2016(5):9.

[63] 复旦大学,清华大学,J.P.Morgan.中国劳动力市场技能缺口研究[R].http://www.econ.fudan.edu.cn/dofiles/all/20161121160023663.pdf,2016.

[64] 黄群慧,贺俊.中国制造业的核心能力、功能定位与发展战略——兼评《中国制造2025》[J].中国工业经济,2015(6):5-17.

[65] 傅家骥.技术的创新[M].北京:清华大学出版社,1998:312.

[66] 朱静.试论办学体制与教育供求的关系[J].教育与经济,2001(1):49-50.

[67] 林克松,朱德全.职业教育均衡发展与区域经济协调发展互动的体制机制构建[J].教育研究,2012(11):105.

[68] 张原.中国职业教育与人才强国战略的差距——基于工业化进程的评估[J].职业技术教育,2012(2):10.

[69] 霍丽娟.论现代职业教育中企业社会责任的实现[J].中国职业技术教育,2015(33):103.

[70] 埃茨科威兹.国家创新模式——大学、产业、政府"三螺旋"创新战略[M].周春彦,译.北京:东方出版社,2006:2-4.

[71] 宋朝霞.技能型人力资本积累路径初探[J].高教探索,2013(6):145.

[72] 约翰·斯通.高等教育财政:问题及出路[M].沈红,李红桃,译.北京:人民教育出版社,2004:358-359.

[73] 教育部.教育部办公厅关于建立职业院校教学工作诊断与改进制度的通知[EB/OL].(2015-06-24).http://www.moe.edu.cn/

srcsite/A07/moe_737/s3876/201507/t20150707_192813.html.

[74] 教育部. 教育部关于深化职业教育教学改革全面提高人才培养质量的若干意见[EB/OL]. (2015-07-29). http://www.moe.edu.cn/srcsite/A07/moe_953/moe_958/201508/t20150817_200583.html.

[75] 教育部. 教育部关于做好中等职业学校教学诊断与改进工作的通知[EB/OL]. (2016-04-07). http://www.moe.edu.cn/s78/A07/A07_gggs/A07_sjhj/201604/t20160408_237263.html.

[76] 孙华. 高职院校专业负责人"专业诊断能力"分析与提升研究[J]. 机械职业教育, 2014 (11): 51-53.

[77] 程凤春. 教学全面质量管理——理念与操作策略[M]. 北京: 教育科学出版社, 2004: 7-12.

[78] 杨俊祥, 和金生. 基于知识生命周期的企业技术能力演化研究[J]. 软科学, 2011 (3): 51-52.

[79] 沈建根, 石伟平. 高职教育专业群建设: 概念、内涵与机制[J]. 中国高教研究, 2011 (11): 78-80.

[80] 中国民办教育协会. 齐齐哈尔工程学院推进"混合所有制"改革, 实施"专业法人"制度, 探索创业型大学建设之路[EB/OL]. (2015-04-21). [EB/OL]. http://canedu.org.cn/index.php?m=content&c=index&a=show&catid=100&id=1223.

附录1 2019年广西高职教育专业设置及布点数

(一)	专业类别	专业名称	专业代码	专业点数
1	农林牧渔大类	种子生产与经营	510102	1
2		休闲农业	510105	1
3		园艺技术	510107	3
4		植物保护与检疫技术	510108	1
5		茶树栽培与茶叶加工	510109	1
6		中草药栽培技术	510110	2
7		农产品加工与质量检测	510113	1
8		绿色食品生产与检验	510114	1
9		农产品流通与管理	510116	1
10		林业技术	510201	1
11		园林技术	510202	4
12		木材加工技术	510211	0
13		林业调查与信息处理	510212	1
14		畜牧兽医	510301	1
15		动物医学	510302	1

续表

（一）	专业类别	专业名称	专业代码	专业点数
16	农林牧渔大类	作物生产技术	510101	1
17		宠物养护与驯导	510306	1
18		饲料与动物营养	510308	1
19		药学	510310	1
20		宠物临床诊疗技术	510315	1
21		水产养殖技术	510401	2
（二）	专业类别	专业名称	专业代码	专业点数
1	资源环境与安全大类	国土资源调查与管理	520101	1
2		宝玉石鉴定与加工	520105	2
3		工程测量技术	520301	9
4		摄影测量与遥感技术	520302	3
5		测绘工程技术	520303	0
6		测绘地理信息技术	520304	1
7		矿物加工技术	520602	1
8		环境监测与控制技术	520801	3
9		环境工程技术	520804	5
10		环境规划与管理	520807	1
11		污染修复与生态工程技术	520809	1
12		救援技术	520903	1
13		安全技术与管理	520904	3
（三）	专业类别	专业名称	专业代码	专业点数
1	能源动力与材料大类	发电厂及电力系统	530101	1
2		供用电技术	530102	4
3		电力系统自动化技术	530103	4
4		高压输配电线路施工运行与维护	530104	3
5		电力系统继电保护与自动化技术	530105	2

续表

（三）	专业类别	专业名称	专业代码	专业点数
6	能源动力与材料大类	水电站机电设备与自动化	530106	1
7		分布式发电与微电网技术	530112	2
8		电厂热能动力装置	530201	1
9		火电厂集控运行	530204	1
10		电厂化学与环保技术	530205	1
11		生物质能应用技术	530303	0
12		光伏发电技术与应用	530304	2
13		黑色冶金技术	530401	1
14		有色冶金技术	530501	2
15		金属压力加工	530503	1
16		材料工程技术	530601	2
17		高分子材料工程技术	530602	0
18		建筑材料工程技术	530701	1
19		建筑材料检测技术	530702	0
20		建筑装饰材料技术	530703	1
（四）	专业类别	专业名称	专业代码	专业点数
1	土木建筑大类	建筑设计	540101	4
2		建筑装饰工程技术	540102	17
3		古建筑工程技术	540103	1
4		建筑室内设计	540104	16
5		风景园林设计	540105	3
6		园林工程技术	540106	5
7		建筑动画与模型制作	540107	1
8		城乡规划	540201	1
9		村镇建设与管理	540202	1
10		建筑工程技术	540301	23

续表

(四)	专业类别	专业名称	专业代码	
11	土木建筑大类	土木工程检测技术	540303	2
12		建筑设备工程技术	540401	4
13		供热通风与空调工程技术	540402	2
14		建筑电气工程技术	540403	5
15		建筑智能化工程技术	540404	5
16		工业设备安装工程技术	540405	1
17		消防工程技术	540406	2
18		建设工程管理	540501	14
19		工程造价	540502	28
20		工程造价	540503	27
21		建设工程监理	540505	6
22		市政工程技术	540601	5
23		城市燃气工程技术	540602	1
24		给排水工程技术	540603	3
25		房地产经营与管理	540701	8
26		房地产检测与估价	540702	1
27		物业管理	540703	7
(五)	专业类别	专业名称	专业代码	专业点数
1	水利大类	水文与水资源工程	550101	1
2		水利工程	550201	1
3		水利水电工程管理	550203	1
4		水利水电建筑工程	550204	2
5		水利机电设备运行与管理	550304	1
6		水土保持技术	550401	1

续表

（六）	专业类别	专业名称	专业代码	专业点数
1	装备制造大类	机械设计与制造	560101	5
2		机械制造与自动化	560102	7
3		数控技术	560103	13
4		材料成型与控制技术	560106	1
5		焊接技术与自动化	560110	1
6		机械产品检测检验技术	560111	0
7		理化测试与质检技术	560112	1
8		模具设计与制造	560113	12
9		机械装备制造技术	560117	2
10		工业设计	560118	6
11		自动化生产设备应用	560201	0
12		机电设备维修与管理	560203	8
13		数控设备应用与维护	560204	4
14		制冷与空调技术	560205	2
15		新能源装备技术	560207	2
16		机电一体化技术	560301	24
17		电气自动化技术	560302	16
18		工业过程自动化技术	560303	2
19		智能控制技术	560304	2
20		工业网络技术	560305	0
21		工业自动化仪表	560306	1
22		电梯工程技术	560308	2
22		工业机器人技术	560309	17
23		船舶工程技术	560501	2
24		飞行器制造技术	560601	1
25		航空材料精密成型技术	560609	1

续表

（六）	专业类别	专业名称	专业代码	专业点数
26	装备制造大类	无人机应用技术	560610	7
27		汽车制造与装配技术	560701	3
28		汽车检测与维修技术	560702	23
29		汽车电子技术	560703	10
30		新能源汽车技术	560707	14
（七）	专业类别	专业名称	专业代码	专业点数
1	生物与化工大类	食品生物技术	570101	1
2		农业生物技术	570104	1
3		应用化工技术	570201	2
4		石油化工技术	570203	1
5		精细化工技术	570205	0
6		工业分析技术	570207	4
7		化工装备技术	570208	0
（八）	专业类别	专业名称	专业代码	专业点数
1	轻工纺织大类	家具设计与制造	580105	4
2		包装策划与设计	580202	1
3		数字图文信息技术	580301	1
4		印刷媒体技术	580304	1
5		服装设计与工艺	580410	2
6		服装陈列与展示设计	580412	1
（九）	专业类别	专业名称	专业代码	专业点数
1	食品药品与粮食大类	食品加工技术	590101	3
2		食品质量与安全	590103	4
3		食品贮运与营销	590104	1
4		食品检测技术	590105	3
5		食品营养与卫生	590106	2

续表

（九）	专业类别	专业名称	专业代码	专业点数
6	食品药品与粮食大类	食品营养与检测	590107	5
7		中药生产与加工	590201	1
8		药品生产技术	590202	2
9		药品质量与安全	590204	2
10		药物制剂技术	590209	1
11		药品经营与管理	590301	4
12		药品服务与管理	590302	0
13		保健品开发与管理	590303	0
14		化妆品经营与管理	590304	1
15		食品药品监督管理	590305	2
16		粮食工程技术	590401	1
17		粮油储藏与检测技术	590501	1
（十）	专业类别	专业名称	专业代码	专业点数
1	交通运输大类	铁道机车	600101	1
2		铁道车辆	600102	1
3		铁道供电技术	600103	1
4		铁道工程技术	600104	4
5		铁道机械化维修技术	600105	1
6		铁道信号自动控制	600106	1
7		铁道通信与信息化技术	600107	1
8		铁道交通运营管理	600108	1
9		铁路物流管理	600109	1
10		铁路桥梁与隧道工程技术	600110	1
11		高速铁道工程技术	600111	3
12		高速铁路客运乘务	600112	9
13		动车组检修技术	600113	2

续表

（十）	专业类别	专业名称	专业代码	专业点数
14		道路桥梁工程技术	600202	11
15		道路运输与路政管理	600203	1
16		工程机械运用技术	600206	2
17		交通运营管理	600207	7
18		汽车运用与维修技术	600209	6
19		汽车车身维修技术	600210	5
20		新能源汽车运用与维修	600212	3
21		航海技术	600301	1
22		国际邮轮乘务管理	600302	5
23		港口机械与自动控制	600305	1
24		港口与航道工程技术	600307	1
25		港口与航运管理	600308	3
26	交通运输大类	轮机工程技术	600310	2
27		水路运输与海事管理	600312	3
28		民航运输	600401	2
29		民航通信技术	600402	1
30		空中乘务	600405	10
31		民航安全技术管理	600406	4
32		机场运行	600408	2
33		飞机机电设备维修	600409	1
34		飞机部件修理	600411	1
35		航空物流	600415	1
36		城市轨道交通车辆技术	600601	1
37		城市轨道交通机电技术	600602	4
38		城市轨道交通通信信号技术	600603	2
39		城市轨道交通供配电技术	600604	1

续表

（十）	专业类别	专业名称	专业代码	专业点数
40	交通运输大类	城市轨道交通工程技术	600605	4
41		城市轨道交通运营管理	600606	8
42		快递运营管理	600702	0
（十一）	专业类别	专业名称	专业代码	专业点数
1	电子信息大类	电子信息工程技术	610101	12
2		应用电子技术	610102	15
3		微电子技术	610103	1
4		智能产品开发	610104	3
5		汽车智能技术	610107	3
6		电子工艺与管理	610113	0
7		移动互联应用技术	610115	2
8		物联网应用技术	610119	10
9		计算机应用技术	610201	17
10		计算机网络技术	610202	22
11		计算机信息管理	610203	4
12		软件技术	610205	17
13		软件与信息服务	610206	1
14		动漫制作技术	610207	12
15		嵌入式技术与应用	610208	0
16		数字媒体应用技术	610210	10
17		信息安全与管理	610211	7
18		移动应用开发	610212	4
19		云计算技术与应用	610213	8
20		电子商务技术	610214	2
21		大数据技术与应用	610215	10
22		虚拟现实应用技术	610216	2

续表

(十一)	专业类别	专业名称	专业代码	专业点数
23	电子信息大类	通信技术	610301	17
24		移动通信技术	610302	5
25		通信工程设计与监理	610304	1
26		电信服务与管理	610305	0
27		物联网工程技术	610307	1
(十二)	专业类别	专业名称	专业代码	专业点数
1	医药卫生大类	临床医学	620101K	1
2		口腔医学	620102K	1
3		中医学	620103K	1
4		护理	620201	3
5		助产	620202	1
6		药学	620301	4
7		中药学	620302	2
8		医学检验技术	620401	1
9		医学影像技术	620403	1
10		口腔医学技术	620405	1
11		眼视光技术	620407	1
12		康复治疗技术	620501	2
13		中医康复技术	620503	2
14		卫生信息管理	620604	1
15		健康管理	620801	1
16		医学营养	620802	1
17		中医养生保健	620803	2
18		心理咨询	620804	2
19		医疗器械维护与管理	620807	2

续表

(十三)	专业类别	专业名称	专业代码	专业点数
1	财经商贸大类	税务	630102	2
2		资产评估与管理	630103	1
3		金融管理	630201	10
4		国际金融	630202	3
5		证券与期货	630203	3
6		保险	630205	3
7		投资与理财	630206	11
8		农村金融	630208	1
9		互联网金融	630209	8
10		财务管理	630301	19
11		会计	630302	34
12		审计	630303	5
13		会计信息管理	630304	3
14		统计与会计核算	630402	3
15		国际贸易实务	630501	3
16		国际经济与贸易	630502	12
17		国际商务	630503	7
18		服务外包	630504	1
19		经济信息管理	630505	2
20		报关与国际货运	630506	5
21		商务经纪与代理	630507	0
22		国际文化贸易	630508	1
23		工商企业管理	630601	16
24		商务管理	630602	5
25		商检技术	630603	1
26		连锁经营管理	630604	9

续表

(十三)	专业类别	专业名称	专业代码	专业点数
27	财经商贸大类	中小企业创业体育经营	630607	2
28		市场营销	630701	31
29		汽车营销与服务	630702	16
30		广告策划与营销	630703	2
31		茶艺与茶叶营销	630704	1
32		电子商务	630801	31
33		移动商务	630802	1
34		网络营销	630803	5
35		商务数据分析与应用	630804	1
36		物流信息技术	630902	1
37		物流管理	630903	26
38		物流金融管理	630904	0
(十四)	专业类别	专业名称	专业代码	专业点数
1	旅游大类	旅游管理	640101	19
2		导游	640102	1
3		景区开发与管理	640104	1
4		酒店管理	640105	21
5		休闲服务与管理	640106	5
6		餐饮管理	640201	0
7		烹调工艺与营养	640202	9
8		营养配餐	640203	1
9		西餐工艺	640205	2
10		会展策划与管理	640301	2
(十五)	专业类别	专业名称	专业代码	专业点数
1	文化艺术大类	艺术设计	650101	11
2		视觉传播设计与制作	650102	3

续表

(十五)	专业类别	专业名称	专业代码	专业点数
3	文化艺术大类	广告设计与制作	650103	16
4		数字媒体艺术设计	650104	6
5		产品艺术设计	650105	3
6		家具艺术设计	650106	2
7		服装与服饰设计	650108	6
8		室内艺术设计	650109	8
9		展示艺术设计	650110	2
10		环境艺术设计	650111	15
11		首饰设计与工艺	650118	1
12		工艺美术品设计	650119	4
13		人物形象设计	650122	6
14		美容美体艺术	650123	1
15		表演艺术	650201	3
16		戏剧影视表演	650202	1
17		钢琴旋律	650215	1
18		音乐表演	650219	1
(十六)	专业类别	专业名称	专业代码	专业点数
1	新闻传播大类	图文信息处理	660101	0
2		新闻采编与制作	660201	4
3		播音与主持	660202	5
4		广播影视节目制作	660203	1
5		影视多媒体技术	660208	1
6		影视动画	660209	3
7		摄影摄像技术	660213	2
8		传播与策划	660214	3
9		媒体营销	660215	1

续表

(十七)	专业类别	专业名称	专业代码	专业点数
1	教育与体育大类	早期教育	670101K	2
2		学前教育	670102K	10
3		小学教育	670103K	5
4		语文教育	670104K	3
5		数学教育	670105K	1
6		英语教育	670106K	3
7		物理教育	670107K	1
8		化学教育	670108K	1
9		地理教育	670111K	0
10		音乐教育	670112K	3
11		美术教育	670113K	2
12		体育教育	670114K	2
13		思想政治教育	670115K	1
14		舞蹈教育	670116K	2
15		艺术教育	670117K	1
16		特殊教育	670118K	1
17		科学教育	670119K	0
18		现代教育技术	670120K	1
19		心理健康教育	670121K	1
20		汉语	670201	2
21		商务英语	670202	10
22		应用英语	670203	6
23		旅游英语	670204	1
24		应用日语	670206	1
25		应用西班牙语	670212	1
26		应用越南语	670213	5

续表

（十七）	专业类别	专业名称	专业代码	专业点数
27	教育与体育大类	应用泰语	670214	7
28		应用阿拉伯语	670215	1
29		应用外语	670216	1
30		文秘	670301	12
31		文秘速录	670302	1
32		运动训练	670401	1
33		运动防护	670402	1
34		社会体育	670403	1
35		休闲体育	670404	2
36		高尔夫球运动与管理	670405	1
37		民族传统体育	670406	1
38		体育艺术表演	670407	1
39		体育运营与管理	670408	2
40		体育保健与康复	670409	1
41		电子竞技运动与管理	670411	3
（十八）	专业类别	专业名称	专业代码	专业点数
1	公安与司法大类	司法助理	680501	2
2		法律文秘	680502	2
3		法律事务	680503	8
4		刑事执行	680601K	1
5		司法警务	680604K	1
6		社区矫正	680605	2
7		安全防范技术	680702	2
8		司法信息技术	680703K	1

续表

(十九)	专业类别	专业名称	专业代码	专业点数
1	公共管理与服务大类	社会工作	690101	2
2		社区管理与服务	690104	3
3		民政管理	690201	1
4		人力资源管理	690202	11
5		公共事务管理	690205	1
6		行政管理	690206	1
7		老年服务与管理	690301	7
8		社区康复	690304	1
9		幼儿发展与健康管理	690306	1

附录 2 2019 年广西中职教育专业设置统计表

序号	专业大类	专业代码	专业名称	专业点数
1	信息技术类	090100	计算机应用	153
2	交通运输类	082500	汽车运用与维修	122
3	加工制造类	053200	电子电器应用与维修	91
4	财经商贸类	121100	电子商务	89
5	教育类	160100	学前教育	84
6	财经商贸类	120100	会计	81
7	加工制造类	051400	数控技术应用	65
8	旅游服务类	130200	旅游服务与管理	53
9	财经商贸类	121900	物流服务与管理	47
10	旅游服务类	130100	高星级饭店运营与管理	47
11	加工制造类	051600	机电设备安装与维修	42
12	加工制造类	051500	模具制造技术	40
13	财经商贸类	121000	市场营销	39
14	旅游服务类	130700	中餐烹饪与营养膳食	38
15	信息技术类	091300	电子技术应用	37
16	加工制造类	052900	制冷和空调设备运行与维修	34

续表

序号	专业大类	专业代码	专业名称	专业点数
17	文化艺术类	142400	服装设计与工艺	34
18	加工制造类	051300	机电技术应用	31
19	农林牧渔类	012700	农业机械使用与维护	29
20	信息技术类	090500	计算机网络技术	26
21	公共服务与管理类	180200	文秘	26
22	土木水利类	040100	建筑工程施工	22
23	文化艺术类	142000	工艺美术	21
24	农林牧渔类	013100	农村经济综合管理	20
25	文化艺术类	140800	音乐	20
26	农林牧渔类	012800	农村电气技术	19
27	信息技术类	090300	计算机平面设计	19
28	交通运输类	082800	汽车整车与配件营销	18
29	医药卫生类	100100	护理	17
30	医药卫生类	101100	药剂	17
31	农林牧渔类	012000	畜牧兽医	14
32	医药卫生类	100300	农村医学	14
33	文化艺术类	142200	美术设计与制作	14
34	文化艺术类	140900	舞蹈表演	13
35	土木水利类	040200	建筑装饰	12
36	交通运输类	082700	汽车美容与装潢	12
37	医药卫生类	100200	助产	12
38	财经商贸类	120200	会计电算化	12
39	土木水利类	040500	工程造价	11
40	加工制造类	053645	工业机器人技术	11
41	交通运输类	082300	航空服务	11
42	交通运输类	082600	汽车车身修复	11

续表

序号	专业大类	专业代码	专业名称	专业点数
43	体育与健身类	150100	运动训练	11
44	农林牧渔类	010300	观光农业经营	10
45	农林牧渔类	010800	茶叶生产与加工	10
46	信息技术类	090400	计算机动漫与游戏制作	10
47	休闲保健类	110200	美发与形象设计	10
48	农林牧渔类	010200	现代农艺技术	9
47	加工制造类	051700	汽车制造与检修	9
49	休闲保健类	110100	美容美体	9
50	旅游服务类	130800	西餐烹饪	9
51	农林牧渔类	011500	园林技术	8
52	交通运输类	083345	高铁乘务	8
53	信息技术类	091200	电子与信息技术	8
54	财经商贸类	120400	金融事务	8
55	公共服务与管理类	180700	物业管理	8
56	农林牧渔类	010700	果蔬花卉生产技术	7
57	信息技术类	090900	客户信息服务	7
58	医药卫生类	100700	医学检验技术	7
59	文化艺术类	140100	社会文化艺术	7
60	农林牧渔类	011700	木材加工	6
217	加工制造类	050700	有色金属冶炼	6
61	信息技术类	090200	数字媒体技术应用	6
62	医药卫生类	101700	中医康复保健	6
63	财经商贸类	121200	国际商务	6
64	农林牧渔类	012500	农产品保鲜与加工	5
65	土木水利类	041300	道路与桥梁工程施工	5
66	土木水利类	041800	工程机械运用与维修	5

续表

序号	专业大类	专业代码	专业名称	专业点数
67	加工制造类	053000	电气运行与控制	5
68	加工制造类	053100	电气技术应用	5
69	轻纺食品类	070200	平面媒体印制技术	5
70	轻纺食品类	070900	服装制作与生产管理	5
71	交通运输类	080700	城市轨道交通运营管理	5
72	信息技术类	091100	计算机与数码产品维修	5
73	信息技术类	091500	通信技术	5
74	医药卫生类	100800	医学影像技术	5
75	财经商贸类	121300	商务英语	5
76	财经商贸类	122245	商务越南语	5
77	文化艺术类	142100	美术绘画	5
78	文化艺术类	142900	民族音乐与舞蹈	5
79	文化艺术类	143500	民族工艺品制作	5
80	体育与健身类	150200	休闲体育服务与管理	5
81	公共服务与管理类	181300	家政服务与管理	5
82	农林牧渔类	012600	农产品营销与储运	4
83	农林牧渔类	013200	农资连锁经营与管理	4
84	土木水利类	041600	工程测量	4
85	加工制造类	051100	机械制造技术	4
86	轻纺食品类	071100	食品生物工艺	4
87	交通运输类	083145	新能源汽车运用与维修	4
88	信息技术类	091600	通信运营服务	4
89	医药卫生类	100500	康复技术	4
90	财经商贸类	120700	商品经营	4
91	文化艺术类	142700	珠宝玉石加工与营销	4
92	文化艺术类	143845	广告设计与制作	4

续表

序号	专业大类	专业代码	专业名称	专业点数
93	农林牧渔类	011800	畜禽生产与疾病防治	3
94	农林牧渔类	011900	特种动物养殖	3
95	农林牧渔类	012200	淡水养殖	3
96	土木水利类	040700	楼宇智能化设备安装与运行	3
97	加工制造类	051200	机械加工技术	3
98	加工制造类	051800	汽车电子技术应用	3
99	加工制造类	052200	焊接技术应用	3
100	石油化工类	060200	工业分析与检验	3
101	轻纺食品类	070600	丝绸工艺	3
102	交通运输类	080800	城市轨道交通车辆运用与检修	3
103	交通运输类	081800	港口机械运行与维护	3
104	交通运输类	082900	公路运输管理	3
105	信息技术类	091945	物联网技术应用	3
106	医药卫生类	100400	营养与保健	3
107	医药卫生类	100900	口腔修复工艺	3
108	医药卫生类	101300	中医	3
109	医药卫生类	101800	中药	3
110	财经商贸类	122000	房地产营销与管理	3
111	旅游服务类	130400	导游服务	3
112	文化艺术类	140300	播音与节目主持	3
218	文化艺术类	141000	戏曲表演	3
113	文化艺术类	143200	民族服装与服饰	3
114	司法服务类	170100	法律事务	3
115	公共服务与管理类	181400	老年人服务与管理	3
116	农林牧渔类	011300	现代林业技术	2
117	农林牧渔类	012100	宠物养护与经营	2

续表

序号	专业大类	专业代码	专业名称	专业点数
118	农林牧渔类	012300	海水生态养殖	2
119	农林牧渔类	013345	制糖技术	2
120	能源与新能源类	031400	太阳能与沼气技术利用	2
121	能源与新能源类	031800	供用电技术	2
122	土木水利类	040900	建筑表现	2
123	土木水利类	041200	市政工程施工	2
124	土木水利类	041500	水利水电工程施工	2
125	加工制造类	050900	硅酸盐工艺及工业控制	2
126	石油化工类	060100	化学工艺	2
127	交通运输类	081100	船舶驾驶	2
128	交通运输类	081200	轮机管理	2
129	医药卫生类	102000	制药技术	2
130	医药卫生类	102200	药品食品检验	2
131	财经商贸类	121400	商务日语	2
132	旅游服务类	130500	景区服务与管理	2
133	文化艺术类	140400	影像与影视技术	2
134	文化艺术类	141300	杂技与魔术表演	2
135	文化艺术类	141700	动漫游戏	2
136	文化艺术类	142500	服装展示与礼仪	2
137	文化艺术类	142800	民间传统工艺	2
138	公共服务与管理类	180300	商务助理	2
139	公共服务与管理类	180500	工商行政管理事务	2
140	公共服务与管理类	181645	婴幼儿保育与保健	2
141	农林牧渔类	010600	植物保护	1
142	农林牧渔类	010900	蚕桑生产与经营	1
143	农林牧渔类	011000	中草药种植	1

续表

序号	专业大类	专业代码	专业名称	专业点数
144	农林牧渔类	011100	棉花加工与检验	1
145	农林牧渔类	011600	园林绿化	1
146	资源环境类	020100	国土资源调查	1
147	资源环境类	020200	地质调查与找矿	1
148	资源环境类	020300	水文地质与工程地质勘察	1
149	资源环境类	020500	钻探工程技术	1
150	资源环境类	020900	地图制图与地理信息系统	1
151	资源环境类	021200	采矿技术	1
152	资源环境类	022000	环境治理技术	1
153	能源与新能源类	031000	水电厂机电设备安装与运行	1
154	土木水利类	040400	城镇建设	1
155	土木水利类	040600	建筑设备安装	1
156	土木水利类	041700	土建工程检测	1
157	加工制造类	051000	选矿技术	1
158	加工制造类	051900	船舶制造与修理	1
159	加工制造类	052400	金属表面处理技术应用	1
160	加工制造类	052700	电机电器制造与维修	1
161	加工制造类	052800	光电仪器制造与维修	1
162	加工制造类	053545	锰加工技术	1
163	石油化工类	060300	石油炼制	1
164	石油化工类	060600	精细化工	1
165	石油化工类	060800	高分子材料加工工艺	1
166	轻纺食品类	070100	制浆造纸工艺	1
167	轻纺食品类	070400	纺织技术及营销	1
168	轻纺食品类	070700	染整技术	1
169	轻纺食品类	070800	针织工艺	1

续表

序号	专业大类	专业代码	专业名称	专业点数
170	轻纺食品类	071000	皮革工艺	1
171	轻纺食品类	071200	民族风味食品加工制作	1
172	轻纺食品类	071400	粮油储运与检验技术	1
173	轻纺食品类	071500	家具设计与制作	1
174	轻纺食品类	071645	针织技术与针织服装	1
175	交通运输类	081000	城市轨道交通信号	1
176	交通运输类	081400	船舶电气技术	1
177	交通运输类	082100	民航运输	1
178	交通运输类	082200	飞机维修	1
179	交通运输类	083245	客运服务	1
180	交通运输类	083445	汽车检测与维修	1
181	信息技术类	090700	网络安防系统安装与维护	1
182	信息技术类	090800	软件与信息技术	1
183	信息技术类	091400	数字广播电视技术	1
184	医药卫生类	102100	生物技术制药	1
185	休闲保健类	110300	健体塑身	1
186	财经商贸类	120500	保险事务	1
187	财经商贸类	120900	连锁经营与管理	1
188	财经商贸类	121600	商务韩语	1
189	财经商贸类	122445	商务泰语	1
190	财经商贸类	122545	商务印尼语	1
191	财经商贸类	122645	现代商务	1
192	旅游服务类	130600	会展服务与管理	1
193	旅游服务类	131145	厨政管理	1
194	旅游服务类	131245	星级酒店管理	1
195	旅游服务类	131345	现代旅游	1

续表

序号	专业大类	专业代码	专业名称	专业点数
196	旅游服务类	131445	国际邮轮乘务	1
197	文化艺术类	140200	广播影视节目制作	1
198	文化艺术类	141400	木偶与皮影表演及制作	1
199	文化艺术类	141800	网页美术设计	1
200	文化艺术类	142300	商品画制作与经营	1
201	文化艺术类	143645	中华茶艺	1
202	文化艺术类	143745	包装装潢设计	1
203	文化艺术类	143945	陶瓷工艺技术应用	1
204	体育与健身类	150445	马术	1
205	教育类	160345	壮汉双语教育	1
206	司法服务类	170445	劳教管理	1
207	司法服务类	170545	治安管理	1
208	司法服务类	170645	监狱管理	1
209	司法服务类	170745	刑事执行	1
210	司法服务类	170845	司法警务	1
211	公共服务与管理类	180800	产品质量监督检验	1
212	公共服务与管理类	181000	社区公共事务管理	1
213	土木水利类	041945	装配式建筑	1
214	加工制造类	052000	船舶机械装置安装与维修	1
215	信息技术类	090600	网站建设与管理	1